EMBARAZO, PARTO Y PRIMER AÑO DE VIDA

LEOPOLDO FILKENSTEIN

Pluma y Papel
Ediciones

Filkenstein, Leopoldo
Embarazo, parto y primer año de vida / Leopoldo Filkenstein ; dirigido por Marcelo Caballero ; edición literaria a cargo de: Mónica Piacentini - 1a ed. - Buenos Aires : Pluma y Papel, 2007.
240 p. ; 23x16 cm.

ISBN 978-987-1021-75-8

1. Superación Personal. 2. Maternidad. I. Marcelo Caballero, dir. II. Mónica Piacentini, ed. lit. III. Título
CDD 158.1

Natío | COLECCIÓN

Aunque las recomendaciones vertidas en la presente obra han sido elaboradas e inspeccionadas detenidamente por el autor y la editorial, éstos no pueden dar garantías de las mismas. Queda totalmente descartada la responsabilidad tanto del autor como de la editorial, respectivamente, y de sus representantes, por daños físicos, materiales o patrimoniales.

Diseño tapa: PensArte
Diseño interior: m&s estudio
Ilustraciones: Daniela López de Casenave

ISBN 978-987-1021-75-8

Pluma y Papel Ediciones
A. J. Carranza 1852
C1414COV - Buenos Aires - Argentina
plumaypapel@delnuevoextremo.com

Queda hecho el depósito de Ley 11.723

Impreso en Argentina - Printed in Argentina

Índice

Introducción

Concebir un hijo, gestarlo y darlo a luz constituyen sin duda los acontecimientos más asombrosos que pueden tener lugar en la vida de una pareja, y muy especialmente, en la vida de una mujer.

Afortunadamente, con el paso de los años y con los cambios sociales y los adelantos técnicos e informativos que hubo en las últimas décadas, el rol de la futura mamá se ha tornado cada vez más activo. Es sorprendente el gran caudal de información que se ha generado al respecto y que permite hacer del embarazo no una espera pasiva sino un período por demás activo, en el cual la gestación, y luego el parto, sean lo más agradables y seguros posibles y, lo que es más importante, para que su bebé sea saludable. En mucho se ha incrementado también el conocimiento que la medicina y la psicología tienen del niño pequeño y, por ende, ambas disciplinas se encuentran en excelentes condiciones para ofrecerle a los padres un amplio abanico de herramientas para su crianza y educación.

Estos son, en breve, los temas que trataremos en este libro con el que procuramos, además de brindar información, dar una herramienta de consulta para la divesdidad de momentos en que, tanto a usted como a su pareja, le surjan interrogantes de distintas naturalezas y para los distintos momentos que atravesarán desde la gestación hasta la crianza del niño de un año.

Preguntas tales como: qué puedo hacer para aliviar las náuseas de la primera etapa del embarazo, dónde me conviene más dar a luz: en un hospital o en una clínica, cuál es la alternativa más segura, cuáles son las distintas opciones de anestesia durante el parto y en qué consiste cada una, puedo tomar un antigripal si estoy embarazada, qué debo comprar para el ajuar del bebé, cómo debo bañar a mi hijo recién nacido, o qué hacer para calmar el llanto del bebé, son algunas de las dudas comunes en las madres y parejas primerizas, que intentaremos, entre muchas otras, responder en el presente volumen ideado y escrito de manera accesible y con información actualizada. ¡Esperamos le sea de utilidad!

CAPÍTULO 1

Antes de concebir

Es bastante común que una mujer se embarace sin una planificación adecuada o sin que haya un deseo de su parte. En estos casos, el hecho simplemente se impone y queda actuar de la mejor y más saludable forma tanto para la criatura como para los progenitores.

Mucho mejor es, por cierto, que el embarazo sea producto de una decisión previa, un hecho previsto y buscado de manera consciente. Una de las grandes ventajas de esta decisión es que permite comenzar el proceso de la maternidad tomando algunos recaudos, anteriores a la concepción, que lo harán más seguro y saludable.

Para ejemplificar de una manera simple, podemos decir que usted podrá empezar a tomar ácido fólico desde antes de concebir a su hijo y así minimizar la probabilidad de que sufra de ciertos defectos neurológicos. O, en el caso de ser fumadora, podrá abandonar tan nocivo hábito con tiempo, de modo que no llegue a dañar al bebé. Éstas y otras cuestiones son las que abordaremos en nuestro capítulo inicial.

La importancia de la consulta preconcepcional

Tal como su nombre lo indica, es la consulta que se efectúa antes de la concepción. La importancia de esta consulta consiste en recurrir a un profesional médico que pueda evaluar el estado de salud de la futura madre, reuniendo la mayor cantidad de información posible, y así poder tomar medidas preventivas en caso de que sean necesarias. El embarazo supone un esfuerzo tremendo para el organismo y lo óptimo (tanto para usted como para su bebé) es que éste se encuentre en el mejor estado posible para sobrellevarlo. Asimismo, la consulta preconcepcional será un buen momento para que usted evacue las dudas que tenga al respecto de la maternidad y comience a vislumbrar cuáles son las mejores condiciones para que ocurra el embarazo y el parto de su pequeño.

¿En qué consiste una consulta preconcepcional, qué tipo de información se recaba? ¿Qué clase de datos se solicitan? No hay una única forma de realizarla (de hecho, varía de profesional en profesional) pero sí hay una serie de puntos ineludibles a indagar. Ellos son:

- *Antecedentes familiares de la pareja:* se trata de averiguar si hay o hubo casos de diabetes, asma bronquial, hipertensión arterial, antecedentes de embarazos múltiples (mellizos, etc.), epilepsia, anomalías congénitas, anemias crónicas, enfermedades ginecológicas, endocrinológicas o cardíacas, etc.
- *Historia clínica familiar:* un dato importantísimo lo constituye la existencia de antecedentes de enfermedades genéticas o cromosómicas en la familia cercana, tanto suya como del futuro padre. Si la respuesta es afirmativa, le aconsejarán una consulta genética con un especialista para evaluar si hay riesgo de que el bebé también la desarrolle.
- *Historia clínica personal:* enfermedades sufridas durante la infancia, presencia de enfermedades crónicas actuales, intolerancia o alergia a medicamentos, etc.
- *Cirugías:* las que haya tenido deberán ser avisadas al profesional.
- *Antecedentes de traumatismos y fracturas:* en caso de que haya tenido alguno deberá comunicarlo.
- *Relevamiento ginecológico:* fecha de la primera menstruación, ritmo menstrual, métodos anticonceptivos utilizados hasta la fecha, infecciones ginecológicas, presencia actual de flujo vaginal, abortos, etc.
- *Número de embarazo:* será fundamental tomar nota de cómo fue el anterior o los anteriores en caso de que los haya

habido: cuánto duró, si tuvo algún tipo de inconveniente, etc.

- *Vacunas:* todas las que haya recibido desde su infancia hasta el momento del embarazo.
- *Estilo de vida:* cómo se compone su dieta, si ingiere alcohol, fuma o consume algún tipo de droga o medicamento con regularidad, cuántas horas acostumbra a dormir por noche, registra conductas de riesgo tales como tener más de un compañero sexual, etc.
- *Enfermedades crónicas:* otro tema importantísimo ya que por lo menos dos de ellas: la hipertensión arterial (presión alta) y la diabetes (exceso de azúcar en la sangre) deberán estar estabilizadas al momento de la concepción.

Es muy probable (y deseable) que usted salga de la consulta preconcepcional con una serie de órdenes para realizarse algunos análisis (sangre, orina y Papanicolau, básicamente) así como también con una prescripción para que tome un suplemento nutricional de ácido fólico y posiblemente hierro, minerales fundamentales en el período de gestación y que el cuerpo suele no tener en dosis adecuadas. También es posible que le indiquen la toma de un multivitamínico.

Alimentación previa al embarazo

Seguramente usted ya es consciente de la importancia de seguir una dieta equilibrada y saludable. Pero, en caso de no serlo, tener planeado quedar embarazada es una excelente circunstancia para sanear sus hábitos alimenticios. Dos razones son fundamentales. La primera es que una buena alimentación tiene efectos positivos sobre la fertilidad. La segunda es que asegura que tanto usted como su bebé tengan los nutrientes necesarios. Por eso, si tiene planeado quedar encinta, es bueno que revise su alimentación y comience a descartar alimentos nocivos y a incorporar aquellos otros que son por demás necesarios durante la gestación. Para saber cuáles entran en cada uno de estos dos grupos antagónicos, le sugerimos consultar nuestro capítulo 5.

Sin embargo, más allá de eso, existen tres factores vinculados con la alimentación a tener muy cuenta si usted piensa quedar embarazada. Ellos son: el peso, el hierro y el ácido fólico.

- **El peso**

Es importante conocerlo ya que tanto el sobrepeso como el hecho de estar significativamente por debajo del peso adecuado resultan inconvenientes a la hora de gestar un hijo. Existen varios métodos para que usted conozca su peso adecuado y deberá ser el médico quien lo compruebe para luego tomar una decisión al respecto, ya sea tanto bajar como subir de peso. En caso de sobrepeso lo mejor es hacerlo antes de la concepción, ya que nunca se debe hacer una dieta hipocalórica cuando se está gestando un niño.

- **El hierro**

Tanto el crecimiento del bebé como el aumento del volumen de sangre durante el embarazo requerirán que usted tenga buenos depósitos de hierro en su organismo. El médico le indicará cuáles son los estudios que deberá hacerse para chequear el estado de esas reservas en su cuerpo, así como también, en caso de que sean insuficientes, qué hacer para remediarlo. Pero, si usted está en plan de quedar embarazada, será importante que empiece a conocer y a incorporar en su dieta alimentos ricos en hierro. Para ello, nuevamente, le recomendamos ver nuestro capítulo 5.

- **El ácido fólico**

También conocido como *folacina* y *folato*, es parte del complejo vitamínico B y se trata de un nutriente esencial para las embarazadas ya que ayuda a prevenir malformaciones fetales relacionadas con el cerebro y la médula espinal. Algo fundamental al respecto es que sólo es verdaderamente útil en la prevención de estas malformaciones si se lo toma ***desde antes de la concepción y durante la primera etapa del embarazo.*** Por ello, es primordial que toda mujer que esté en plan de concebir, ingiera un suplemento nutricional de ácido fólico y que, una vez producido el embarazo, siga haciéndolo, siempre bajo supervisión médica. Los alimentos más ricos en este nutriente son: espinaca, acelga, espárragos, levadura, huevos, nueces, maní y legumbres.

¿Qué hacer con las adicciones? Alcohol, tabaco y drogas

Si bien toda mejora que implemente la futura mamá en su vida repercutirá benéficamente en el bebé, más allá del tiempo en que sea implementada, lo cierto es que cuanto más temprano se instrumente, más beneficiado se verá el pequeño. Especialmente en lo vinculado a la ingesta de bebidas alcohólicas, tabaquismo y consumo de drogas, lo mejor es abandonar estos hábitos (en caso de que se los tenga) ni bien comience a buscar un embarazo, de manera tal que su cuerpo tenga tiempo de desintoxicarse de ellos. ¿Qué efectos causan estas sustancias en el pequeño? Explicamos:

La ingesta de *bebidas alcohólicas* ejerce un efecto muy tóxico sobre el bebé ya que tiene la capacidad de atravesar la placenta y entrar en la sangre del pequeño con la misma concentración que en la sangre materna. Un consumo moderado de alcohol (digamos, un vaso diario de vino) por parte de una embarazada está directamente vinculado al bajo peso en el momento del nacimiento. Un consumo más importante puede hacer que el niño nazca, por ejemplo, con algún grado de retraso mental.

En cuanto al *tabaquismo*, comencemos por decir que los cigarrillos poseen una serie de sustancias tóxicas (plomo, alquitrán, etc.) que, como no podía ser de otra manera, afectan al bebé de la futura mamá fumadora. Además, muchos estudios revelan que es un vicio que tiene incidencia en la ruptura prematura de membranas, puede dar lugar a anormalidades en la placenta e incrementa el riesgo de que el niño nazca con un peso menor al recomendable.

Las *drogas ilegales* conllevan siempre efectos nocivos durante la gestación, pero tal vez la más riesgosa es la cocaína. Las mujeres adictas a esta droga tienen más probabilidades de tener un parto antes de la fecha indicada, los recién nacidos tienen menos peso del conveniente y suelen ser más irritables y padecer trastornos, tanto físicos como emocionales, a largo plazo. Asimismo, la cocaína puede producir en la mujer gestante trastornos cardíacos e hipertensión.

La cuestión de la edad

¿Hasta que edad es conveniente tener un hijo? ¿Es más difícil lograr un embarazo luego de los 35 años? ¿Qué riesgos implica un embarazo luego de esa edad? ¿Pueden minimizarse esos riesgos? Éstas y otras preguntas similares han surgido en las últimas décadas en mujeres y parejas de clase media y alta. La razón de ello es que la cultura actual de esos segmentos sociales hace que la maternidad sea postergada en pos de la búsqueda de la realización profesional y laboral de la mujer. Asimismo, las parejas estables suelen conformarse a una edad relativamente avanzada (luego de los 25 o 30 años) y ése es otro factor que influye en la postergación de la búsqueda de un hijo, amén de que muchas mujeres maduras profesionales y solas se plantean y llevan a cabo la decisión de ser madres solteras. Sin embargo, en todos estos casos hay algo fundamental a tener en cuenta: ***las pautas sociales y culturales con relación a la edad de la maternidad han cambiado, pero el reloj biológico de la mujer, no.*** ¿Qué quiere decir esto?

Por *reloj biológico*, se entiende el tiempo en el cual una mujer es capaz de tener un hijo sin recurrir a los adelantos médicos y tecnológicos de ayuda, período que se extiende desde la menarca o primera menstruación hasta la última. Se trata de un lapso que dura un poco más de 30 años, desde los 12-14 años hasta los 45-50.

Tal como decíamos, en los últimos tiempos, se ha corrido la búsqueda de un embarazo hacia edades más avanzadas, pero el reloj biológico no se ha modificado, lo que significa que si aparecen dificultades para lograr un embarazo, el tiempo para consultar a un especialista e intentar remediar el problema es menor.

Por otro lado, además del tema del reloj biológico, también se sabe que, si bien la menstruación se retira entre los 45 y los 50 años, impidiendo luego de esta fecha la posibilidad de tener un hijo biológico, a partir de los 35 años la fertilidad de la mujer comienza a decaer y el logro de un embarazo se torna más difícil, especialmente después de los 40 años.

Asimismo, en caso de que efectivamente se logre el embarazo luego de los 35 años, las posibilidades de aborto se ven aumentadas con relación a una mujer más joven, debido a que la calidad de los óvulos va decayendo. También se observa un incremento de las enfermedades cromosómicas.

Por supuesto, todo ello no indica de ninguna manera que el embarazo no deba ser buscado ni producirse a partir de esa edad. Pero implica la implementación de actitudes, medidas y precauciones que no serían tan necesarias de tener en cuenta a los 20 o 25 años. Éstas son:

Si usted está buscando un embarazo luego de los 35 años, y no lo logra en pocos meses, no debe perder el valioso tiempo que le queda para conseguirlo. Concurra de inmediato a un especialista en esterilidad para ver qué es lo que está sucediendo. El médico indicará los exámenes y procedimientos a seguir para conocer las causas. Lo usual es realizar un espermograma completo (análisis del semen) de su pareja, un estudio hormonal suyo y una histerosalpingografía (radiografía de útero) que permite evaluar el estado de la cavidad uterina y las trompas de Falopio.

Una vez completado estos estudios básicos se decidirá cómo conviene buscar el embarazo, si por vía natural o mediante alguna de las denominadas *técnicas de reproducción asistida*: inseminación artificial, fecundación *in vitro*, etc.

Logrado el deseado embarazo, además de los exámenes prenatales de rutina, el médico podrá pedir otros análisis que se efectúan casi exclusivamente a futuras mamás de más de 35 años y que tienen como objetivo principal investigar si existen enfermedades cromosómicas en el feto. Los más usuales son: control médico cuádruple, translucencia nucal, amniocentesis y biopsia de vellosidad coriónica. Para saber en qué consisten y qué es lo que detectan, vea en el capítulo 8: "Exámenes prenatales especiales".

OTRA CUESTIÓN DE EDAD: LOS EMBARAZOS ADOLESCENTES

Los riesgos de comenzar un embarazo luego de los 35 años es un tema bastante divulgado. De hecho, existen libros que abordan exclusivamente la cuestión. Sin embargo, no existe mucha información acerca de los riesgos que conlleva un embarazo en el otro extremo de la vida reproductiva que es la adolescencia. Las adolescentes, al no haber llegado aún a una maduración completa de sus sistemas, tienen más riesgo de padecer presión arterial elevada y anemia, y están más expuestas a un trabajo de parto prematuro (presentar contracciones antes del término del embarazo) o muy prolongado. Vale destacar que estos riesgos aumentan en las embarazadas menores de 15 años.

Preguntas a hacerse antes de tener un hijo

La decisión de traer un hijo al mundo es una de las decisiones más importantes que se pueden tomar en la vida. Sin embargo no existe un momento ideal para hacerlo. Por supuesto, algunos son especialmente malos, como por ejemplo: traer un hijo al seno de una pareja en crisis para ver si el pequeño "salva" la relación, o cuando no hay recursos suficientes para el cuidado más indispensable y sin contar con asistencia médica, etc. Pero también hay que considerar que si se espera el momento "ideal" para tener un hijo, es posible que nunca llegue. En realidad, salvo situaciones muy particulares, se puede tener un hijo cuando de verdad se quiera hacerlo y se sienta el compromiso de otorgarle a esa personita que llegará al mundo toda la atención necesaria.

Para esclarecer un poco la cuestión (ya sea para usted misma o en el seno de su pareja) contestarse estas preguntas puedan serle de gran ayuda:

- ¿Por qué deseo tener un hijo? ¿He tomado la decisión por mí misma o he cedido a la presión de mi pareja, mis padres o alguna otra persona?
- ¿Me gusta pasar tiempo con los niños? ¿Me veo a mí misma como madre?
- ¿Qué me gustó de mi infancia? ¿Qué cosas no me gustaron? ¿Qué infancia deseo para mi hijo?
- ¿Cómo influirá un bebé en la relación de pareja? ¿Estamos listos para ser padres?
- Si no estoy en pareja: ¿me siento preparada para criar a un niño sola? ¿Cuento con alguien que me ayude en esta tarea?
- ¿Cómo afectará el bebé mis planes futuros, educacionales, laborales, profesionales, etc.?
- ¿Mi pareja y yo tenemos diferencias religiosas o étnicas? ¿Cómo podrían afectar al niño y de qué forma pensamos manejarlas?
- ¿Cómo tengo pensado cuidar a mi hijo, bajo qué pautas, con qué parámetros?
- ¿Estoy dispuesta a criar a un niño con problemas de salud o con necesidades especiales?
- ¿Estoy dispuesta a implementar en mi vida todos los cambios que requiera la crianza de mi hijo?

CAPÍTULO 2

Estar embarazada

El comienzo del embarazo o fertilización se produce cuando un espermatozoide se une con un óvulo para formar una nueva y tercera célula. Éste es el principio de un misterioso y maravilloso proceso que, al cabo de nueve meses, hará que salga del cuerpo materno un bebé perfectamente formado. Pero, ahondemos más en esta sinopsis que acabamos de presentar.

Durante todos los años de fertilidad (desde la primera menstruación hasta la menopausia) los ovarios liberan óvulos de manera cíclica a razón de uno por mes aproximadamente. Cada uno de estos ciclos se extiende un promedio de veintiocho días y está controlado por distintas hormonas.

El ciclo comienza en el día uno, el día en que aparece la menstruación. Efectivamente, la presencia de un nuevo sangrado vaginal es índice de que ha comenzado a tener lugar un ciclo ovárico más. Esto quiere decir que días después, un óvulo será liberado por el ovario, entrará en la trompa de Falopio y, a través de ésta, se irá trasladando lentamente hacia el útero que, a su vez, se ha ido preparando para la posibilidad de comenzar a albergar un embarazo.

Alrededor del día catorce –es decir durante la *ovulación*– se produce el momento de mayor fertilidad: el óvulo se encuentra en un determinado sector de la trompa de Falopio y es sólo en ese período y en ese lugar donde puede ser fecundado por un espermatozoide. Si esto no sucede, el óvulo y otros tejidos son despedidos a través de la menstruación y comienza un nuevo ciclo. Si, por el contrario, la fecundación se produce (si el espermatozoide se ha encontrado con un óvulo y lo ha penetrado) el embarazo comienza.

Primeros síntomas

Muchas mujeres sospechan estar embarazadas antes de que cualquier análisis lo confirme. Más aún: algunas veces el análisis se efectúa (especialmente el test comprado en la farmacia y realizado en la casa) porque esos síntomas se hacen presentes aún antes de que se produzca el atraso menstrual. ¿Cuáles son esos síntomas? Por supuesto, podrán variar de mujer en mujer, pero existen ciertas señales "clásicas" y son las siguientes:

- Debido a que las modificaciones hormonales que tienen lugar durante la gestación repercuten de manera notable sobre el aparato digestivo, ni bien comenzado el embarazo suele producirse: **salivación** más abundante que la habitual, **náuseas y vómitos** (especialmente al levantarse y durante el transcurso de la mañana) y **ataques de hambre**. Estos ataques, una vez que se ingiere el alimento que los calma, suelen ser seguidos de una sensación de saciedad absoluta o excesiva y hasta de cierta sensación de asco.
- Con relación al aparato circulatorio suelen aparecer episodios de ***taquicardia*** (aceleración de los latidos cardíacos).
- Debido a que las mamas comienzan a prepararse para la futura lactancia, se produce uno de los síntomas más característicos del inicio del embarazo: la **hipersensibilidad en los pezones**, además del aumento del volumen de los senos, lo que provoca **molestias mamarias**.
- La **exacerbación del olfato** suele ser notable. Olores que antes no se percibían ahora sí y suele ser común también la intolerancia ante aromas que el resto de la gente tolera, disfruta o, tal vez, ni siquiera llega a percibir.
- La **modificación del gusto** es otra de las consecuencias de la revolución hormonal que está teniendo lugar. Es posible que algunas comidas que antes le resultaban agradables se

tornen casi intolerables, así como puede suceder que se sienta inclinada a comer alimentos que antes le resultaban desagradables.

- Otro síntoma claro que aparece prácticamente desde el primer momento es un estado general de **somnolencia, cansancio** y **fatiga generalizada.** Es probable que necesite dormir más de lo habitual y, que si no lo hace, el cuerpo le haga sentir esa falta.

Y, por último, la señal más clara pero muchas veces, no la primera en aparecer: la ***amenorrea***, o ausencia del período menstrual. En general, en un principio puede deberse a un atraso, pero al extenderse en el tiempo debe considerarse como una falta que indica el estado de embarazo.

Métodos de confirmación del embarazo

Una vez que se sospecha este estado, lo mejor es tratar de confirmarlo lo antes posible. Hoy en día, existen múltiples vías para hacerlo, pero todas ellas funcionan con el mismo mecanismo de base: medir el nivel de la hormona GCH (gonadotrofina coriónica humana) producida por la placenta unos 10 días después de la fertilización. Las posibles vías para confirmar el embarazo son:

- **Análisis de sangre:** es la modalidad que ofrece los resultados más exactos ya que no sólo confirma o no el estado de embarazo, sino que permite medir el tiempo de gestación. Se realiza en un laboratorio.
- **Análisis de orina:** también es un análisis de laboratorio, pero no mide el tiempo de gestación; sólo confirma o no el estado de embarazo.
- Los **tests que se venden en farmacias** constituyen una tercera opción que ha tenido gran difusión en las últimas décadas, ganando gran popularidad por razones muy comprensibles: se encuentran a mano en cualquier momento, su costo no es

alto, resultan fáciles de usar y sus resultados están casi al instante. Se hacen sobre una muestra de orina y confirman o no la gestación sin especificar el tiempo. Si el test se realiza correctamente, su precisión se calcula entre el 97 y el 99%.

Algo importante: en cualquiera de los tres tipos de exámenes que acabamos de detallar un resultado positivo es prácticamente 100% seguro, mientras que no sucede lo mismo en el caso de los resultados negativos. Muchas veces el embarazo existe, pero es aún tan incipiente que la presencia de la GCH es mínima y no puede ser detectada.

Cómo calcular la fecha probable de parto

¿Cómo puede usted saber la fecha del nacimiento de su hijo? En rigor de verdad, no existe ninguna forma certera de que la sepa. Sí, en cambio, se cuenta actualmente con los mecanismos para conocerla con bastante precisión.

Entre el momento de la concepción y el parto transcurren alrededor de 38 semanas o, 40 semanas a partir del primer día de la última menstruación. Día que se utiliza para determinar la fecha aproximada del parto.

La fecha probable del nacimiento será entonces a las 40 semanas (280 días) contadas a partir del día de inicio del último período menstrual.

El cuadro que se presenta a continuación permitirá tener una idea aproximada del día en que se producirá el parto.

Puede hacerlo de la siguiente forma:

- Busque en el cuadro de abajo la fecha de su última menstruación (FUM). Para ello, señale el mes y el día de la FUM en la primera fila, por ejemplo: 29 de octubre.
- Una vez señalada la fecha, identifique el número que se encuentra (5 siguiendo el ejemplo) y el mes al que corresponde (agosto). Esto significa, que la fecha estimada de parto es el 5 de agosto.

FECHA PROBABLE DE PARTO

Enero	1	2	3	4	5	6	7	8	9	10	11	12	13	14	15	16	17	18	19	20	21	22	23	24	25	26	27	28	29	30	31
Octubre	8	9	10	11	12	13	14	15	16	17	18	19	20	21	22	23	24	25	26	27	28	29	30	31	1	2	3	4	5	6	7
Febrero	1	2	3	4	5	6	7	8	9	10	11	12	13	14	15	16	17	18	19	20	21	22	23	24	25	26	27	28			
Noviembre	8	9	10	11	12	13	14	15	16	17	18	19	20	21	22	23	24	25	26	27	28	29	30	1	2	3	4	5			
Marzo	1	2	3	4	5	6	7	8	9	10	11	12	13	14	15	16	17	18	19	20	21	22	23	24	25	26	27	28	29	30	31
Diciembre	6	7	8	9	10	11	12	13	14	15	16	17	18	19	20	21	22	23	24	25	26	27	28	29	30	31	1	2	3	4	5
Abril	1	2	3	4	5	6	7	8	9	10	11	12	13	14	15	16	17	18	19	20	21	22	23	24	25	26	27	28	29	30	
Enero	6	7	8	9	10	11	12	13	14	15	16	17	18	19	20	21	22	23	24	25	26	27	28	29	30	31	1	2	3	4	
Mayo	1	2	3	4	5	6	7	8	9	10	11	12	13	14	15	16	17	18	19	20	21	22	23	24	25	26	27	28	29	30	31
Febrero	5	6	7	8	9	10	11	12	13	14	15	16	17	18	19	20	21	22	23	24	25	26	27	28	1	2	3	4	5	6	7
Junio	1	2	3	4	5	6	7	8	9	10	11	12	13	14	15	16	17	18	19	20	21	22	23	24	25	26	27	28	29	30	
Marzo	8	9	10	11	12	13	14	15	16	17	18	19	20	21	22	23	24	25	26	27	28	29	30	31	1	2	3	4	5	6	
Julio	1	2	3	4	5	6	7	8	9	10	11	12	13	14	15	16	17	18	19	20	21	22	23	24	25	26	27	28	29	30	31
Abril	7	8	9	10	11	12	13	14	15	16	17	18	19	20	21	22	23	24	25	26	27	28	29	30	1	2	3	4	5	6	7
Agosto	1	2	3	4	5	6	7	8	9	10	11	12	13	14	15	16	17	18	19	20	21	22	23	24	25	26	27	28	29	30	31
Mayo	8	9	10	11	12	13	14	15	16	17	18	19	20	21	22	23	24	25	26	27	28	29	30	31	1	2	3	4	5	6	7
Septiembre	1	2	3	4	5	6	7	8	9	10	11	12	13	14	15	16	17	18	19	20	21	22	23	24	25	26	27	28	29	30	
Junio	8	9	10	11	12	13	14	15	16	17	18	19	20	21	22	23	24	25	26	27	28	29	30	1	2	3	4	5	6	7	
Octubre	1	2	3	4	5	6	7	8	9	10	11	12	13	14	15	16	17	18	19	20	21	22	23	24	25	26	27	28	29	30	31
Julio	8	9	10	11	12	13	14	15	16	17	18	19	20	21	22	23	24	25	26	27	28	29	30	31	1	2	3	4	5	6	7
Noviembre	1	2	3	4	5	6	7	8	9	10	11	12	13	14	15	16	17	18	19	20	21	22	23	24	25	26	27	28	29	30	
Agosto	8	9	10	11	12	13	14	15	16	17	18	19	20	21	22	23	24	25	26	27	28	29	30	31	1	2	3	4	5	6	
Diciembre	1	2	3	4	5	6	7	8	9	10	11	12	13	14	15	16	17	18	19	20	21	22	23	24	25	26	27	28	29	30	31
Septiembre	7	8	9	10	11	12	13	14	15	16	17	18	19	20	21	22	23	24	25	26	27	28	29	30	1	2	3	4	5	6	7

CAPÍTULO 3

Algunas elecciones fundamentales

Hasta hace relativamente poco tiempo, el parto era un acontecimiento sobre el cual la mujer tenía poca información y aún menos poder de decisión. Desde que ingresaba a la clínica o al hospital era sometida a una serie de prácticas más o menos rutinarias (rasuramiento del vello púbico, enema, etc.) y si alguna parturienta hubiera "osado" rehusarse a alguna de ellas o, más simplemente, cuestionarla, seguramente médicos y enfermeras hubieran creído estar soñando. Es que durante buena parte del siglo XX se consideró que el parto era asunto exclusivamente médico y se lo encaraba de manera tal que la parturienta prácticamente no tenía ni voz ni voto en el asunto. Afortunadamente, ahora las cosas están cambiando: la mujer puede y debe ser escuchada en sus preferencias y elecciones sobre este momento tan trascendental en su vida. Este capítulo trata sobre las elecciones que deberá hacer una mujer y su pareja a la espera de un hijo.

La elección del médico

Elegir un médico siempre es un paso fundamental, cualquiera sea la circunstancia. Pero en el caso del seguimiento del embarazo y parto, esa elección implica características especiales. El profesional elegido será quien la acompañará en un proceso de nueve meses, contestará sus dudas, verificará que todo marche según lo deseado y planeado y, en caso de no ser así, tomará las decisiones para conocer las causas y, de ser posible, ponerle solución. También será alguien con quien usted establecerá un vínculo muy cercano y es importante que sea una persona a la que pueda tenerle mucha confianza y que pueda contenerla emocionalmente, ya que usted, además de expectativas e ilusiones, también experimentará ciertos temores. ¿Cómo saber si está eligiendo el médico adecuado? Aquí esbozamos algunas pautas que podrán servirle de guía:

- Pregunte entre sus amigas o conocidas con hijos si han sido atendidas por un buen ginecólogo obstetra en sus partos, de manera tal de volver a elegirlo en caso de embarazarse nuevamente. Si recibe una respuesta afirmativa, indague acerca de por qué lo consideran de esa manera. Tal vez lo que para una mujer sea eficiencia, para otra sea frialdad y el hecho de que una amiga suya se haya sentido cómoda con él no significa que a usted le suceda lo mismo.
- La confianza y la comodidad son elementos claves para que usted se sienta tranquila en su embarazo y parto. Si en la primera entrevista que tiene con el médico elegido, no se siente cómoda, cambie de profesional sin dilación. Cuanto más temprano encuentre al adecuado, será mejor para usted y para el bebé.
- En cuanto a cuestiones más objetivas, los méritos del profesional no son un asunto menor. Ser un médico reconocido, formar parte de una asociación profesional respectiva, ejercer la docencia universitaria o trabajar en un hospital público o universitario son, a todas luces, cuestiones que deberán "sumar puntos" a la hora de escoger un médico.
- Algunas preguntas concretas podrán ayudarla a esclarecer el tema si se encuentra indecisa:
    - ¿Se siente cómoda durante la consulta?
    - ¿La escucha y se toma el tiempo necesario como para explicarle todo lo que usted necesita?
    - ¿La ubicación y el horario de la consulta le resultan aceptablemente cómodos?
    - ¿Le parece apropiada la edad y el sexo del especialista?
    - ¿Con qué equipo médico trabaja?

- ¿Cuál es su filosofía en cuanto a todo aquello que la implicarán a usted y a su bebé: posición ante el parto, presencia del padre en el mismo, lactancia, etc.?
- ¿Cuál sería la conducta del especialista en el caso de presentarse urgencias o complicaciones?

Escoger el curso preparto

Muchas instituciones ofrecen este tipo de curso que recibe, de acuerdo al ámbito, nombres distintos: psicoprofilaxis para el parto, clases para el nacimiento, educación para el parto, psicoprofilaxis perinatal, etcétera. Asimismo, varían en cuanto a costo, temas abordados, frecuencia de las clases, concepción del embarazo y parto de los profesionales que lo dictan, etc. Por dar sólo un ejemplo, algunos cursos son eminentemente prácticos y se basan en la enseñanza de técnicas de relajación y respiración para afrontar el parto, mientras que otros preparan a los futuros padres desde un lugar más teórico y hasta espiritual para, por ejemplo, asumir sus futuras responsabilidades de la manera en que resulte mejor para la familia.

Por ello, a la hora de elegir uno de estos cursos, es importante que, de manera similar a cómo lo hizo o lo hará con el médico, se informe bien acerca de sus contenidos a fin de encontrar el que cubra sus expectativas y necesidades. A continuación, presentamos un conjunto de preguntas que le podrá ayudar:

- ¿Cuál es la duración y frecuencia de las clases? ¿Puedo asegurar que, salvo algún imprevisto, podré asistir a todas ellas?
- ¿Se dicta en alguna institución reconocida o en un ámbito particular?
- ¿Cuál es el programa que orienta o rige el curso? ¿Qué o cuáles aspectos aborda de manera predominante: el físico-biológico, el emocional-afectivo, etc.?
- ¿Cuál es el balance entre teoría y práctica? ¿Cuánto tiempo de cada clase se dedica a la práctica de ejercicios y cuánta a suministrar información de índole teórica?
- ¿Cuál es el costo? ¿Existe algún o algunos planes de pago?

- ¿Quién es o quiénes son los responsables máximos de las clases?
- ¿Cuáles son los antecedentes del o de los docentes a cargo y en qué ámbito profesional se desarrolla cada uno? ¿Se trata de una partera, un psicólogo, un médico obstetra u otro tipo de profesional?
- ¿Qué entrenamiento posee el docente? ¿Título de grado? ¿Posee algún curso de posgrado: master, doctorado? Si es así: ¿en qué institución educativa? ¿Participa de alguna asociación profesional? ¿Tiene actividad docente? ¿En qué materia o especialidad? ¿Ha sido autor de algún libro que se pueda adquirir actualmente para ver cuáles son sus conocimientos e ideas al respecto?
- ¿Cuál es la experiencia del docente principal con respecto, específicamente, a embarazo y nacimiento y la educación para ello? ¿Ha dado a luz o participado de un nacimiento? ¿Cuánto tiempo hace que enseña en esta área? ¿Puede alguna participante anterior dar referencias acerca de él?
- ¿Cuál es el enfoque y qué concepción del embarazo y parto tiene? ¿Alienta el nacimiento natural? ¿Destaca el derecho de ambos padres a estar informados y tomar decisiones?
- El responsable o sus asistentes ¿están disponibles por teléfono u otro medio de comunicación, fuera del horario de clases, para consultarlos o evacuar dudas?
- ¿Qué cantidad de alumnas asistirán? Si es muy numerosa: ¿hay asistentes que contribuyan a asegurar una atención individual? ¿Podrá estar presente mi pareja u otro acompañante que yo elija?
- ¿El curso se considera finalizado con el parto o se realizan una o varias reuniones con los bebés ya nacidos para evaluar y compartir experiencias?

¿Parto hospitalario o en casa?

Hasta finales del siglo pasado, la mayoría de las mujeres pertenecientes a niveles socio-económicos medios y altos –cualquiera fuera su lugar de residencia– ni siquiera se hacían esta pregunta: daban por descontado que, llegado el momento, tendrían su valija preparada y saldrían raudamente hacia la clínica u hospital elegido. Por otro lado, para las mujeres de zonas rurales aisladas y muchas de países de pocos recursos, la pregunta tampoco tenía demasiada cabida, ya que no tenían centros de atención hospitalaria cercanos y las mujeres simplemente daban a luz en sus casas.

Sin embargo, en los últimos años esto se ha ido modificando y se han generado muchos cambios a nivel profesional e institucional. Hoy por hoy, muchas mujeres que, pudiendo optar perfectamente por un parto hospitalario o por instituciones privadas de renombre, eligen con total libertad parir en su propia casa.

Llegado el momento, usted también deberá hacer su elección: parto hospitalario o domiciliario. Y lo mejor será que tome su decisión lo antes posible para poder prepararse según uno u otro, en todos los aspectos. Ninguno es *per se* "malo" o "bueno" y ambos cuentan con sus ventajas y desventajas. Conozcamos ventajas y desventajas de ambas opciones:

- **Ventajas del parto hospitalario**
  - Se podrá responder mejor y más rápidamente ante cualquier imprevisto, complicación o inconveniente, tanto los que pueda sufrir usted como el recién nacido. Por esa razón, es más recomendable para las primerizas, ya que su historia clínico-obstétrica presenta muchos puntos desconocidos.
  - La idea de estar cubierta en todas sus necesidades y de estar en un lugar que, como explicamos en el punto anterior, se encuentra en mejores condiciones de lidiar con cualquier imprevisto, puede aportarle un grado de tranquilidad que puede serle de mucha ayuda en el parto.
  - En algunos casos específicos, tales como un embarazo múltiple, es el más recomendable.

- **Desventajas del parto hospitalario**
  - Asume el parto no como un evento natural, sino como un acontecimiento quirúrgico, con mayor utilización de medicamentos y procedimientos invasivos.
  - Todo obedece a reglas y rutinas y usted deberá atenerse a ellos, sean o no de su agrado.
  - La aísla de su grupo familiar y, en algunas instituciones determinadas, también de un potencial acompañante.
  - Implica dificultosos e incómodos traslados en camillas (del sector de preparto, a la sala de partos y luego a la de recuperación).
  - La ambientación hospitalaria podrá generarle un sentimiento de temor.

- **Ventajas del parto domiciliario**
  - Se produce en un ambiente íntimo, acogedor y familiar.
  - La atención es personal e individualizada.
  - Tendrá la total seguridad de que sus preferencias serán respetadas.
  - El posparto podrá convertirse en una suerte de festejo íntimo entre las personas que usted desee que participen y no en una rutina hospitalaria.

- **Desventajas del parto domiciliario**
  - Usted deberá asumir una gran responsabilidad sobre su estado de salud, tanto físico, como mental y espiritual.
  - Si se presenta alguna complicación inesperada, no estar en una sala de partos especialmente acondicionada para enfrentarla puede ser un problema grave.
  - Muchas obras sociales y medicinas prepagas cubren los gastos de un parto en los hospitales y clínicas que forman parte de su cartilla, pero no los de un parto domiciliario.

¡IMPORTANTE!

Cuando nos referimos a parto domiciliario no hacemos referencia a un parto que, por motivos ineludibles, sorpresivos o no (como el aislamiento o la falta de medios económicos), se produce en la casa, sino que hablamos de un parto domiciliario planificado, el cual incluye contar con la asistencia de profesionales especialmente capacitados para ello, con quien se estableció contacto y se organizó todo con anterioridad.

Algo más sobre el parto domiciliario

Como el parto domiciliario no está tan extendido, seguramente le será más difícil conseguir información sobre él que sobre las prácticas de parto hospitalario. A continuación, una breve sinopsis para quienes optan por el parto en casa y lo que conlleva esa elección:

- La mayoría de las personas que escogen un parto domiciliario tienen una visión distinta del embarazo de la que poseen quienes optan por el parto en hospital. Mientras estos últimos lo perciben de manera similar a una suerte de "enfermedad" que necesita ineludiblemente de hospitalización, quienes eligen parir en su casa ven el embarazo como un proceso normal y saludable que el cuerpo de la mujer sabe cómo afrontar.
- Durante el parto, la filosofía que guía a esta modalidad es la de "respetar a la naturaleza", es decir, acompañar todo el proceso de inicio espontáneo del trabajo de parto y la evolución del período de dilatación dejando que la parturienta se maneje con absoluta libertad.

- Esta filosofía, que conlleva una actitud expectante, excluye la rotura artificial de membranas, la anestesia, el goteo para acelerar el proceso y la episiotomía.
- Casi todos los partos pueden producirse en casa, pero hay casos en los que no es conveniente que así sea. Hay requisitos generales para tener un parto domiciliario. Ellos son: buena salud física y emocional, óptimo cuidado prenatal y un embarazo que está progresando en forma normal.
- Los que proveen el "servicio" y cuidado de un parto en casa –pueden ser parteras o médicos– evalúan en sus pacientes factores que pueden indicar riesgo y posibilidad de complicaciones y, sólo después de hacerlo, recomiendan y llevan a cabo un parto de estas características.
- Si bien el criterio puede ser diferente de un profesional a otro, las parteras y los médicos que se encargan del cuidado de un parto en casa por lo general ofrecen asistencia prenatal completa incluyendo tests de laboratorio, parto, alumbramiento y cuidado de posparto inmediato hasta que un pediatra o médico de familia se haga cargo de la salud del recién nacido.
- En general, especialmente si se elige una partera, la relación que se entabla con ella es mucho más intensa y personal que la que traba la futura mamá con el ginecólogo a quien visita una vez por mes. Las parteras suelen pasar mucho tiempo con la embarazada, comparten valiosa información sobre descanso, nutrición y ejercicio, hablan sobre las posibilidades de crianza del niño, etc.

El plan de parto

Hacer un plan de parto le permitirá organizar sus pensamientos, preferencias y expectativas con relación a ese momento tan especial. Y, sobre todo, le posibilitará decidir acerca de una serie de tópicos y cuestiones donde estará en juego su cuerpo y el de su pequeño hijo. Por ejemplo: ¿desea estar sola en ese momento (además de la presencia del personal médico) o quiere contar con la compañía de alguna persona próxima a usted? ¿Le gustaría recibir anestesia ante la menor molestia o, preferiría evitarla de cualquier modo? ¿La ayudaría a relajarse escuchar su estación de radio preferida mientras está en trabajo de parto? Las respuestas sólo están en usted: es su parto y el que nacerá es su hijo. Cada hospital o clínica y cada profesional de la salud hace las cosas de una forma diferente y sin un plan de parto, es probable que usted reciba un tratamiento impersonal y rutinario.

Eso sí: una vez confeccionado el plan de parto, lléveselo a su médico, para que pueda respaldar sus decisiones, le explique las conveniencias de modificar alguna de ellas y/o le indique cuáles son los centros médicos que pueden cumplir con sus expectativas.

Algo importante: el plan de parto no tiene que ser definitivo. Siéntase en total libertad de modificarlo a medida que sus deseos o expectativas cambian o que su nivel de información es mayor.

EJEMPLO DE PLAN DE PARTO

- Título:
  - Plan de nacimiento.
  - Mis deseos para el parto.
  - Nuestros deseos para el parto.
  - Preferencias para el parto.

- Nombres:
  - Su nombre.
  - El de su pareja.
  - El elegido para su hijo/a.
  - El del obstetra o partera.
  - Clínica, hospital o institución donde tendrá a su bebé.

– Fecha probable de parto:

– Me gustaría tener a mi hijo:
  - En un hospital o clínica.
  - En mi casa.
  - En la casa de....

– Me gustaría que las siguientes personas estuvieran presentes:
  - Mi pareja.
  - Mi mamá.
  - Mi papá.
  - Mi hermana.
  - Mi hermano.
  - Mi amiga.
  - Otros.

– Durante el trabajo de parto preferiría:
  - Permanecer en un ambiente tan tranquilo como sea posible.
  - Elegir la ropa a usar.
  - Evitar una enema.
  - Que se me hiciera una enema de rutina.
  - Evitar el afeitado del vello público.
  - Que me rasuraran el vello público.
  - Que se me efectuaran la menor cantidad posible de exámenes vaginales.
  - Que no se colocara una vía endovenosa, a menos que sea realmente imprescindible.
  - Permanecer en mi cuarto hasta tener 5 cm. de dilatación.
  - Ser libre de caminar.
  - Poder moverme y cambiar de posición a voluntad.
  - Permanecer todo el tiempo acostada.
  - Poder tomar todo el líquido que deseo.
  - Poder chupar cubitos de hielo.
  - Comer y beber de acuerdo a mis necesidades.
  - Escuchar la radio.
  - Estar a media luz.
  - Otros.

– Respecto al monitoreo fetal preferiría:
  • Que fuera continuo durante todo el trabajo de parto.
  • Que no sea continuo a menos que la condición del bebé así lo requiera.
  • Que el bebé fuera supervisado escuchando periódicamente sus latidos.
  • Otros.

– Me gustaría manejar el dolor a través de las siguientes prácticas o métodos:
  • Relajación.
  • Acupuntura.
  • Masajes.
  • Técnicas de respiración.
  • Hipnosis.
  • Anestesia local.
  • Anestesia peridural.
  • Administración de narcóticos.
  • Me gustaría probar sin anestesia.
  • Otros.

– Referente a la cesárea:
  • Me gustaría evitarla a menos que sea realmente imprescindible.
  • Si un doctor determina que es necesaria, me gustaría contar con una segunda opinión en caso de que la situación lo permita.
  • De ser necesaria, me gustaría poder participar del proceso de decisión.
  • Me gustaría que mi acompañante estuviera presente, aún en caso de cesárea.
  • Me gustaría estar consciente.
  • Otros.

– Respecto a la episiotomía preferiría:
  • Que no me la hicieran a menos que sea absolutamente necesaria para la seguridad del bebé.

  - Que me la efectuaran a modo de prevención para evitar desgarros.

- Referente al parto me gustaría:
  - Que el lugar tuviera luces tenues.
  - Que el lugar estuviera lo más silencioso posible.
  - Que me permitieran escoger la posición, incluyendo cuclillas o postura vertical.
  - Que no hubiera ningún estudiante ni residente presente.
  - Que el acompañante que yo elija o una enfermera me ayude en la fase expulsiva.
  - Que se utilizaran fórceps en caso de necesitar ayuda en el parto.
  - Que se utilizara un extractor de vacío en caso de necesitar ayuda en el parto.
  - Que se procediera a una cesárea en caso de necesitar ayuda en el parto.
  - Esperar hasta que yo sienta el impulso de pujar, cuando ya esté totalmente dilatada y sin que entrañe ningún tipo de riesgo para el bebé.
  - Que me avisen cuando pujar.
  - Tener un espejo disponible para ver la cabecita del bebé cuando comience a salir de mi cuerpo.
  - Me gustaría poder tocarla en ese momento.
  - Que me permitieran tener a mi hijo en brazos inmediatamente después del parto.
  - Otros.
- Documentación del momento:
  - Me gustaría grabar en video el nacimiento de mi bebé.
  - Me gustaría sacar fotos del nacimiento de mi bebé.

- Inmediatamente después del parto preferiría:
  - Que mi acompañante cortara el cordón umbilical.
  - Cortar yo misma el cordón umbilical.
  - Que alguien del personal médico cortara el cordón umbilical.
  - Que el cordón umbilical deje de latir antes de ser cortado.
  - Sostener al bebé mientras expulso la placenta y/o se sutura cualquier desagarro o episiotomía.

- Que el bebé fuera evaluado en mi presencia.
- Que si el bebé debe separarse de mí para recibir algún tipo de tratamiento, mi pareja o alguna otra persona que yo designe lo acompañe en todo momento.
- Ver la placenta.
- Otros.

– Referente al posparto me gustaría:
  - Un cuarto privado.
  - Que mi estadía en la clínica u hospital fuera lo más larga posible.
  - Que mi estadía en la clínica u hospital fuera lo más corta posible.
  - No ser separada de mi bebé, a no ser que por razones de salud resultara totalmente imprescindible.
  - Que me traigan al bebé al cuarto ni bien me haya recuperado del parto.
  - Tener conmigo al bebé durante el día, pero en la guardería durante la noche.
  - Que el bebé se quedara en la guardería y me lo traigan al cuarto cuando yo lo solicite.
  - Otros.

– Con relación al amamantamiento yo preferiría:
  No hacerlo.
  - Comenzar a alimentarlo inmediatamente después del parto.
  - Dejar pasar un tiempo para descansar y luego comenzar a amamantarlo.
  - Otros.

Acerca del plan de parto

Algunas mujeres experimentan cierto sentimiento de culpa ante la perspectiva de confeccionar un plan de parto, ya que temen que el médico lo perciba como un cuestionamiento a su juicio o capacidad profesional. Si usted tiene algún sentimiento de este tipo considere que muchos médicos se complacerían de tener una fuente de información tan detallada acerca de lo que quieren y esperan sus pacientes. Igualmente, si su médico se molesta cuando usted le presenta su plan de parto, la pregunta que usted debería hacerse es: "¿Deseo que alguien que se siente molesto cuando le explicito lo que deseo para el momento de la llegada al mundo de mi hijo se encargue de ello?"

Entre otras razones, el plan de parto se confecciona porque hablar durante la consulta médica acerca de sus preferencias no es suficiente. Seguramente, habrá varias personas, además de su médico, que llegado el momento crucial, la asistirán y atenderán (personal del hospital, por ejemplo) y hasta es posible que su médico no esté disponible en ese momento y otro deba tomar su lugar. En ese caso, el plan de parto es una herramienta fundamental para que todo vaya tal cual usted lo desea.

El plan de parto ordena y explicita sus preferencias acerca de este acontecimiento, asumiendo que se trata de un parto rutinario y/o solamente con las complicaciones más comunes. Si las cosas se tornan verdaderamente problemáticas, es posible, que por su salud o la de su bebé, haya que hacer cambios o tomar decisiones de último momento que no estaban explicitadas en su plan.

Un plan de parto es una declaración de preferencias, no un contrato obligatorio. Si usted cambia de idea acerca de algo –tal como la necesidad de anestesia– esos deseos deben ser respetados.

CAPÍTULO 4

El embarazo paso a paso

Los trimestres son los principales hitos en los que se divide el embarazo y, si bien se relacionan con los meses de gestación, lo fundamental al respecto no es tanto el tiempo transcurrido sino la fisiología del crecimiento fetal.

Para que el bebé se desarrolle necesita del denominado *sistema de apoyo vital* que se formará hacia principios del embarazo y que estará conformado por:

- **La placenta:** es el órgano que le posibilita al bebé en formación depender de usted. Entre otras funciones, permite el paso del oxígeno, nutrientes y anticuerpos, elimina los desechos y produce hormonas.
- **Las membranas:** se trata de dos láminas delgadas que revisten al útero y conforman una bolsa que, llena del denominado *líquido amniótico*, aloja al bebé y permite su desarrollo.
- **El líquido amniótico:** llena el espacio formado por las membranas y sus funciones son, entre otras, amortiguar al bebé y mantener constante la temperatura.
- **El cordón umbilical:** une al feto con la placenta y es el encargado de transportar la sangre y está compuesto por tres vasos sanguíneos.

Los cambios de la mamá a través del embarazo

El primer trimestre

Comienza con la concepción y abarca el primero, segundo y tercer mes de embarazo.

Será el principio de vida de su bebé y el momento en que se forma la estructura de su cuerpo. Eso lo convierte en el período de mayor riesgo de teratogénesis (malformaciones) debido a factores ambientales y por eso usted deberá estar especialmente alerta y evitar ingerir medicamentos sin prescripción médica y no exponerse a productos químicos. Más detalles e información al respecto podrá encontrarlos en los tópicos: "Factores de riesgo y contaminación para tener en cuenta" e "Ingestión de fármacos y medicamentos", en el capítulo 8 de este libro.

Es el momento donde malestares típicos como las náuseas y los vómitos serán más frecuentes y acentuados. A partir del segundo trimestre suelen desaparecer en la mayoría de las gestantes.

Primer mes

El embarazo comienza en el momento de la fecundación, momento en que el óvulo y el espermatozoide se unen. Esto sucede luego de producirse la ovulación, lo que ocurre entre los días 14 y 16 de un ciclo menstrual normal.

Para contar las semanas de embarazo se toma como primera aquella donde se produjo la última menstruación (FUM). Por eso, aunque el embrión tenga dos semanas de vida, se habla de un mes de embarazo.

Durante la tercera semana de ese mes se transporta el nuevo ser a la cavidad uterina; y durante la cuarta, se consolida su implantación en el útero.

Es también en estas primeras semanas cuando se forman la placenta y el cordón umbilical y el revestimiento del útero se engrosa. Estas modificaciones, entre otras, son las que permitirán albergar y alimentar al bebé.

El embarazo implicará para usted una verdadera revolución corporal y eso se reflejará en múltiples síntomas: malestar digestivo matinal (generalmente, náuseas, vómitos y acidez), deseo de orinar con frecuencia, flatulencias, aversión hacia determinados sabores y olores, deseo imperioso de comer ciertos alimentos, sensación reiterada de fatiga y somnolencia y salivación excesiva. Otro síntoma usual lo constituyen los cambios en los pechos: debido a que comienzan a prepararse para la lactancia, usted notará aumento de volumen, hipersensibilidad en los pezones y oscurecimiento de la areola.

En el plano emocional, seguramente estará inestable y es posible que pase de la alegría de saberse futura mamá al miedo y aprensión por la misma causa.

Segundo mes

En general, debido a que la sospecha de un embarazo comienza cuando no se produce la menstruación en la fecha en que debería hacerlo, usualmente es durante el curso de este mes cuando se practican los tests para confirmar la presencia de un estado gestacional. También en este período es cuando se acude al primer control médico y se solicitan los exámenes prenatales de rutina.

En esta etapa, el útero ya ha comenzado a extenderse y el líquido amniótico conforma el medio ambiente del bebé, protegiéndolo y manteniéndolo a una temperatura constante, conveniente y agradable.

En cuanto a la sintomatología que usted experimentará, lo esperable es que no varíe demasiado en relación a la del mes anterior. Sin embargo, pueden aparecer algunos síntomas nuevos, tales como el dolor de cabeza, los mareos, la sensación de debilidad y la constipación. Asimismo, es posible que la piel (especialmente la del rostro) sufra modificaciones, especialmente incremento de la grasa y hasta aparición de acné.

Tercer mes

En el transcurso del último mes del primer trimestre la placenta ya está completa y cumple funciones de nutrición y limpieza. Por su parte, el líquido amniótico se renueva cada tres horas.

Seguramente, su médico le ordenará realizar una primera ecografía en el curso de este mes, la cual permitirá obtener valiosa información con respecto al estado general del embarazo y del desarrollo fetal en particular.

La sintomatología (tanto física como emocional) que caracteriza a este período no es sustancialmente diferente de la de los dos meses anteriores. Los cambios verdaderamente importantes al respecto comenzarán un poco más adelante. Sin embargo, es posible que se produzcan palpitaciones y que ciertos cambios venosos propios del embarazo puedan producir várices.

El aborto espontáneo

El aborto espontáneo es la pérdida de un embarazo antes de las 20 semanas de gestación, cuando el feto todavía no está en condiciones de sobrevivir fuera del útero materno. La mayoría de estos episodios tiene lugar durante el primer trimestre, es decir, durante las primeras 12 semanas de embarazo. Por esa razón es que uno de los temores más comunes durante el primer trimestre es, precisamente, que se produzca la pérdida del embarazo. Sin embargo, muchas de estas pérdidas suceden antes de que la mujer se dé cuenta de que está embarazada. ¿Por qué se produce un aborto espontáneo, hecho que, para las parejas o mujeres que se encuentran felizmente embarazadas, implica atravesar una situación por demás traumática y angustiante? En rigor de verdad, no se conocen con exactitud las causas que provocan los abortos espontáneos y cuando una mujer sufre uno de ellos durante el primer trimestre, es muy común que su médico no pueda determinar la causa. Sin embargo, la mayoría de estos episodios ocurre cuando un embarazo no se está desarrollando de manera normal y, por

lo general, no hay nada que la mujer o su médico puedan hacer para impedirlo.
Algunas circunstancias que pueden llegar a provocarlo son: anomalías del feto originadas en problemas de los cromosomas (la mayoría de ellas, fruto de un espermatozoide o un óvulo defectuoso), infecciones, problemas hormonales y diabetes mal controlada. El síntoma más habitual de que está por producirse un aborto espontáneo es el sangrado vaginal, especialmente si está acompañado de fuertes dolores similares a los menstruales. Por supuesto, en esas circunstancias se impone la inmediata consulta al médico.
En el caso de que una pareja sufra reiterados abortos espontáneos, esto es índice de que existe un problema subyacente y que deberán someterse a una serie de estudios para determinar la causa y, con ello, hacer lo posible para impedir que se continúen produciendo.

El segundo trimestre

Los tres meses centrales del embarazo serán, sin duda, la etapa más placentera para usted. Desaparecerá el peligro y consecuente miedo a la pérdida que caracterizan al trimestre anterior y las molestias digestivas se alivian de manera significativa o, simplemente, desaparecen, ya que sucede otro tanto con los desequilibrios hormonales que le dieron origen. Como consecuencia, usted se sentirá más vital y con más energía.

Cuarto mes

A principios del segundo trimestre aumenta ostensiblemente la cantidad de líquido amniótico y la placenta trabaja a pleno, cumpliendo funciones respiratorias, nutricionales, excretorias y endocrinas.

Es en esta etapa cuando usted comenzará a notar un verdadero aumento de peso corporal y comienza a notarse la típica panza de embarazada.

Suele disminuir la necesidad de orinar con frecuencia, el malestar digestivo desaparece en la mayoría de los casos, pero suelen aparecer las hemorroides, el sangrado de encías durante el cepillado, el incremento del flujo vaginal y la congestión nasal. Asimismo, las alteraciones hormonales pueden provocar retención de líquidos, lo cual se traduce en edemas.

También se desarrollará la llamada *línea nigra* del abdomen, una línea oscura que aparece descendiendo a partir del ombligo y que marca la división de los músculos abdominales, que se separan para dar espacio al útero, cada vez de mayor tamaño.

En el plano emocional, es posible que se encuentre más estable que en los meses anteriores. Además, es probable que comience a experimentar dificultades de concentración.

Quinto mes

En esta etapa, usted estará aproximadamente en la mitad de su embarazo. Su cuerpo lleva un promedio de un litro y medio de líquido amniótico y la placenta, ya completamente desarrollada, cubre prácticamente la mitad de la superficie uterina. Lo más probable es que comience a sentir cómo se mueve su hijo en el vientre.

Por otro lado, su abdomen ya será lo suficientemente prominente y es probable que comiencen a aparecer las consecuentes molestias: dolor de espalda, de cintura, etc.

Seguramente, su médico le prescribirá realizar otra ecografía que completará y ampliará los datos obtenidos en la primera.

La sintomatología no cambia demasiado, aunque es común que aparezcan molestias en el área abdominal, debido al estiramiento de los ligamentos que sostienen el útero. A la congestión nasal, posiblemente se le sume la eventual pérdida de sangre por la nariz. La línea *nigra* se acentúa y, como la glándula tiroides incrementa su funcionamiento, es posible que usted transpire más.

Una modificación importante en esta etapa es la presencia de buen apetito. Una vez que las náuseas y vómitos han desaparecido, su cuerpo podrá manifestar sin impedimento alguno la necesidad de incorporar nutrientes suficientes no sólo para usted, sino también para su bebé en crecimiento. Por eso, será el comienzo de un período donde usted deberá aprender el delicado equilibrio entre incorporar todos los nutrientes necesarios y, al mismo tiempo, no excederse en las calorías.

En lo emocional, suele darse una suerte de aceptación consciente del embarazo. Eso se debe a que la presencia del bebé dentro de su vientre ya es por demás palpable y evidente y a que, debido a la desaparición de las náuseas y vómitos diarios, las futuras mamás suelen "reconciliarse" con su embarazo.

Sexto mes

Los síntomas físicos son bastante similares a los del quinto mes y es probable que las molestias abdominales originadas en el estiramiento de los ligamentos se intensifiquen. Si no se han producido antes, posiblemente hagan su aparición los calambres en las piernas que, en general, no son pronunciados y ceden rápidamente con un buen masaje.

Probablemente su médico le indique otra batería de análisis clínicos.

En el ámbito emocional suele hacer su aparición un vago sentimiento de ansiedad acerca del futuro, sobre todo el del bebé, debido a la claridad con que usted comienza a percibir su presencia.

El tercer trimestre

Es el último y esperado trimestre del embarazo. Usted ya ha superado muchos temores y la expectativa por el parto crece día a día.

En este período, la panza es muy pronunciada y cada vez le resulta más dificultoso desplazarse, encontrar una posición cómoda para dormir, etc.

Séptimo mes

Desde principios del tercer trimestre, percibirá cada vez más claramente los movimientos de su bebé que serán más enérgicos semana a semana. Como consecuencia de ello, comenzarán a producirse las denominadas *contracciones de Braxton Hicks;* éstas no desencadenan el trabajo de parto, son totalmente indoloras y duran, aproximadamente, 30 segundos.

Muy probablemente continúe la multiplicidad de síntomas que caracterizaron a los meses anteriores y que, debido a la proximidad del nacimiento, sus pechos comiencen a secretar *calostro*, que es el líquido que luego dará lugar a la leche. Se trata de un síntoma que indica que su cuerpo se está preparando adecuadamente para proporcionarle a su hijo el alimento necesario.

Octavo mes

Las contracciones de *Braxton Hicks* son más notables, así como los movimientos del bebé más contundentes. Además, el cuerpo del bebé empieza su viaje hacia su posición definitiva, la **cefálica** (cabeza fetal hacia la pelvis) que es la ideal para un parto vaginal. Todo eso hace que su movilidad se torne aún más difícil en esta etapa.

Es probable que el médico cambie la frecuencia de la consulta y prefiera verla más a menudo para tener un seguimiento más fluido. También es posible que, además de realizarle otra batería de análisis, indique realizar una última ecografía, para ver el crecimiento del bebé, la posición en que se encuentra y calcular su peso aproximado.

Emocionalmente, es posible que experimente fuertes ansias de que el nacimiento se produzca.

Noveno mes

En este último mes tiene lugar una suerte de proceso recesivo, a través del cual la eficiencia de la placenta para cumplir sus funciones decrece y el volumen de líquido amniótico disminuye.

El cambio de actividad fetal es uno de los síntomas más comunes y acentuados de este último mes de gestación: el bebé dará menos patadas y, en cambio, usted comenzará a sentir como si se estirara y se encogiera. Otros síntomas son: incremento del flujo vaginal y eventual aumento o pérdida del apetito, en estos casos debido a la constante sensación de saciedad.

Tendrá un sobrepeso considerable y el tamaño de su vientre hará que sus movimientos se vean sumamente dificultados. Convierta esta dificultad en una ventaja y realice la menor actividad posible lo que le permitirá ahorrar y almacenar energías para el momento del parto, que le demandará mucha fuerza.

Hacia el final de este mes, posiblemente experimentará el denominado *instinto de anidar*, que consiste en una necesidad de ordenar y arreglar el lugar donde dormirá su hijo ya próximo a llegar. Sígalo, ya que puede tener efectos muy gratificantes y le permitirá canalizar su ansiedad, pero no se can-se en extremo. Repetimos: conserve todas las energías posibles para el parto que será un momento de mucho desgaste energético.

Repercusión del embarazo en la emocionalidad de la familia

El embarazo es una suerte de pequeña revolución. Usted la sentirá tanto en el cuerpo como en el alma y también tocará las emociones de otras personas, especialmente las de su pareja y su familia cercana. En la cronología que acabamos de exponer dábamos cuenta en forma general de qué manera irán cambiando sus sentimientos mes a mes a lo largo del embarazo. Y decimos "de forma general", ya que cada mujer es única y las circunstancias que rodean a cada embarazo también lo son, con lo que mal podríamos relatar al detalle y de manera precisa los cambios emocionales que usted sufrirá a medida que su panza crece. Sin embargo, antes de pasar a hablar de otros miembros de la familia, una breves palabras más acerca de sus emociones y sentimientos. Primero: acepte los cambios y fluctuaciones que se produzcan durante la gestación. Son propios y naturales de todo embarazo y no deben hacerla sentir culpable.

Y, segundo: no los mantenga en secreto. Compártalos con gente que pueda escucharla y ayudarla. Su obstetra, sus compañeras de curso de preparto, alguna amiga que ya haya sido madre, seguramente estarán deseosas de hacerlo. Ahora sí, pasemos a la familia y, con ello, al primer implicado: el futuro padre.
De la misma manera en que la maternidad es una experiencia única, también lo es la paternidad. No hay dos padres que la vivan de la misma forma y es posible que el mismo hombre no viva sus distintas paternidades de igual manera, ya que serán diferentes las circunstancias que rodean a cada embarazo. Sin embargo, lo más probable es que su compañero se encuentre inmerso en un panorama donde prevalezcan los sentimientos encontrados: que se sienta por demás ilusionado ante la llegada de su hijo/a pero que, al mismo tiempo, se sienta desplazado porque usted le otorga demasiada atención a su embarazo en lugar de a él. Si ha decidido estar presente en el parto, es posible que a los sentimientos que acabamos de mencionar se le sume el de ansiedad con respecto a si hará o no un buen papel cuando su hijo esté llegando al mundo. El temor a la enorme responsabilidad que se avecina es otro de los sentimientos más comunes en esta etapa. ¿Panorama complejo? Sin ninguna duda. ¿Qué hacer al respecto? En el caso del futuro papá tampoco hay una receta única para lidiar de manera eficiente con esa marea de emociones. Algunos consejos que podemos dar son: que haga lo posible por entender el fuerte vínculo que la une a usted con el ser que está gestando y, sobre todo, que hable con otros hombres que han atravesado por la experiencia que él vive ahora, ya que seguramente ellos podrán orientarlo y ayudarlo. Y por supuesto, todo diálogo con el profesional que atiende su embarazo también será muy fructífero para que el futuro padre resuelva dudas y aclare su panorama, contribuyendo con ello a su tranquilidad.

Por supuesto, la llegada de un nuevo integrante también acarrea sentimientos encontrados en sus hermanos. Es posible que se sientan felices y expectantes ante la llegada del nuevo hermanito. Tan posible como que experimenten ataques de celos que, seguramente, se harán más fuertes cuando el bebé nazca. Por eso, todo aquello que usted pueda hacer durante el embarazo y el nacimiento para que sus otros hijos sientan que ellos son para usted tan queridos e "importantes" como antes, será bienvenido y nunca estará de más.

Lo primero que usted podrá hacer al respecto es permitirles y facilitarles "participar" de su gestación, por ejemplo:

Hábleles de su embarazo en términos que a ellos les resulten familiares y comprensibles. Comprar algún libro o video acerca del tema; verlo juntos y comentarlo es una excelente alternativa.

Déjeles tomar contacto con su panza, escuchar el corazón del pequeño, percibir cómo se mueve, etc.

Permita que la acompañen a alguna de las visitas médicas y que conozcan al profesional que tiene a cargo el cuidado de su embarazo. Si pueden conocer la clínica o el hospital donde nacerá el bebé, mucho mejor.

Si va a preparar el bolso que llevará al hospital, comparta la tarea con sus hijos, de manera tal de armar el equipaje entre todos.

Los cambios del bebé mes a mes

Primer mes

- Mide aproximadamente entre 3 y 4 mm, pesa menos de 1g y recibe el nombre de huevo o cigota.
- Empieza el desarrollo del corazón, el sistema nervioso, la médula espinal, los pulmones y el aparato gastrointestinal.
- Durante la segunda semana, aparece en el dorso una especie de marca oscura que indica la posición de la columna vertebral.
- Hacia finales de la tercera semana, el corazón comienza a latir.
- A las cuatro semanas, ya ha desarrollado estructuras que con el paso del tiempo se convertirán en su cuello y mandíbulas.

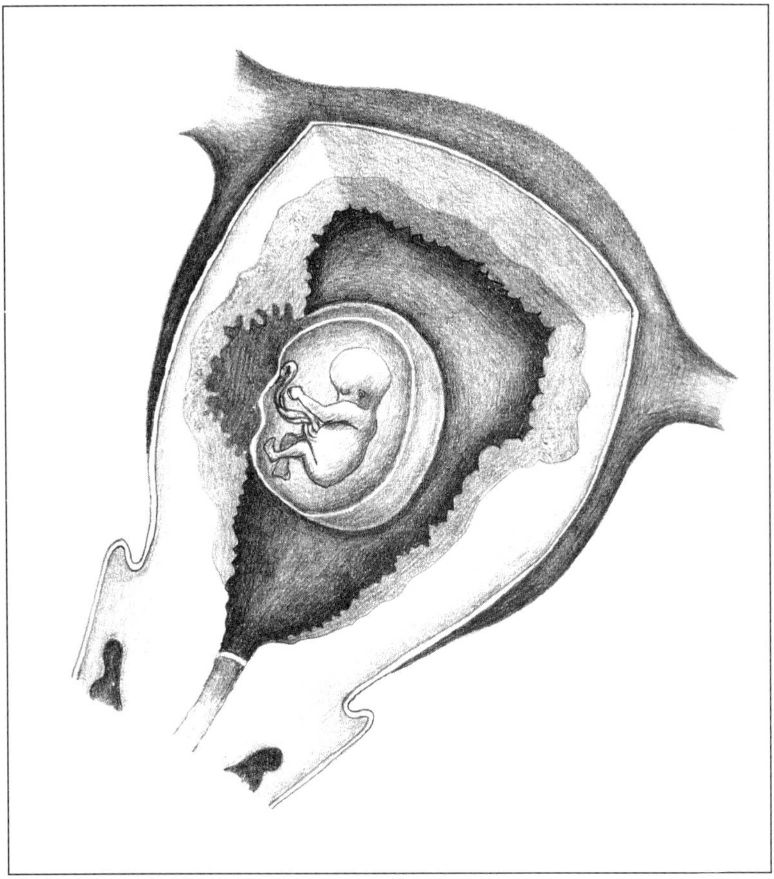

- Mide aproximadamente 2 y 1/2 cm. y pesa más o menos 3 g.
- Se lo conoce con el nombre de embrión.
- Comienzan a desarrollarse los rasgos de la cara.
- Empiezan a formarse las orejas.
- El cerebro está en formación.
- Los dedos de manos y pies ya pueden distinguirse.
- Los huesos comienzan a reemplazar a los cartílagos.
- El latido cardíaco puede detectarse con ultrasonido y su ritmo es de 140-150 latidos por minuto.

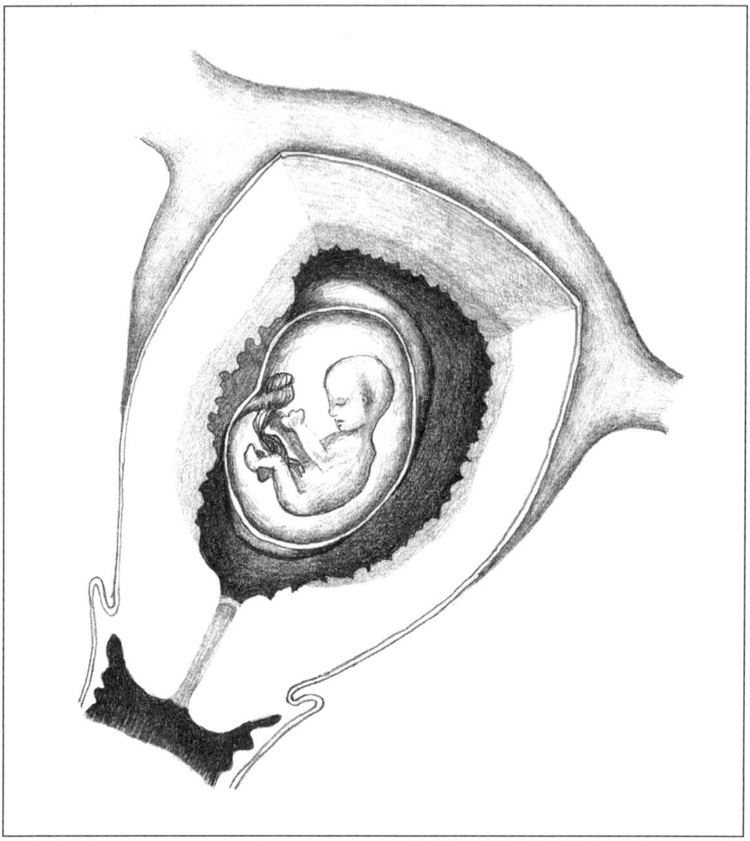

- Mide alrededor de 9 cm. y pesa unos 48 g.
- A partir de este mes, ya se lo denomina *feto*.
- Un vello finito (conocido como *lanugo)* le cubre todo el cuerpo.
- Se ha completado la estructura del esqueleto.
- Los dedos de manos y pies están perfectamente formados.
- Puede tragar, succionar y orinar.
- Produce gotas de una orina estéril que son removidas por la renovación periódica del líquido amniótico.

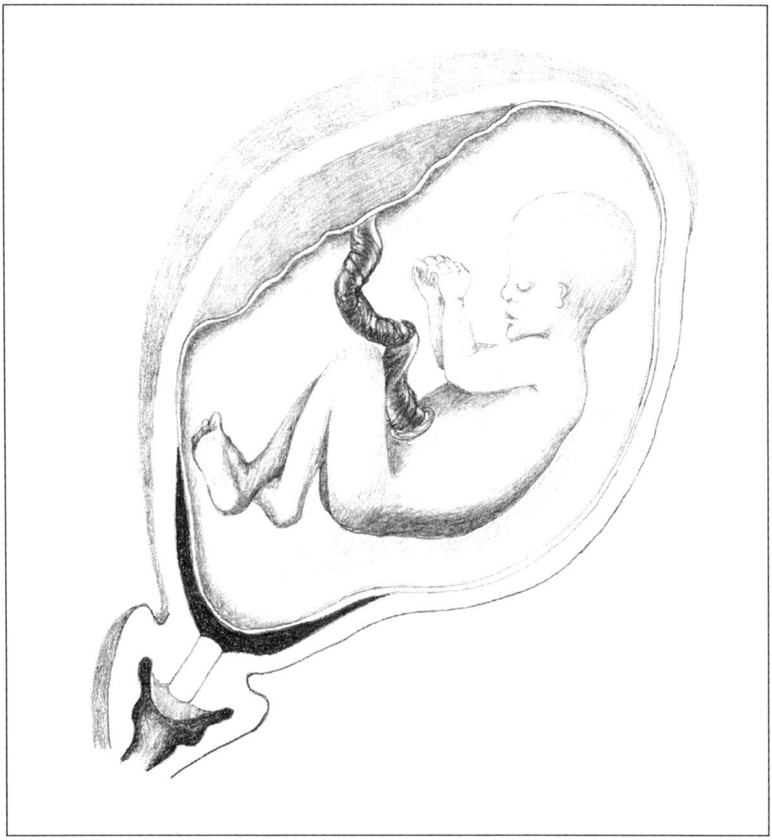

- Mide aproximadamente 17 cm. y pesa unos 140 g.
- El esqueleto, ya perfectamente estructurado, se sigue osificando, es decir, pasando de cartílago a hueso.
- Su piel es transparente.
- Realiza sus primeras expresiones faciales, entre ellas, sonreír.
- Empieza el crecimiento de pestañas y cejas.
- Ya tiene movimientos coordinados y puede, por ejemplo, darse vuelta.
- Percibe la luz y los sonidos.
- Desarrolla las papilas gustativas.
- Se están formando las uñas.
- La fuerza del latido cardíaco se incrementa.

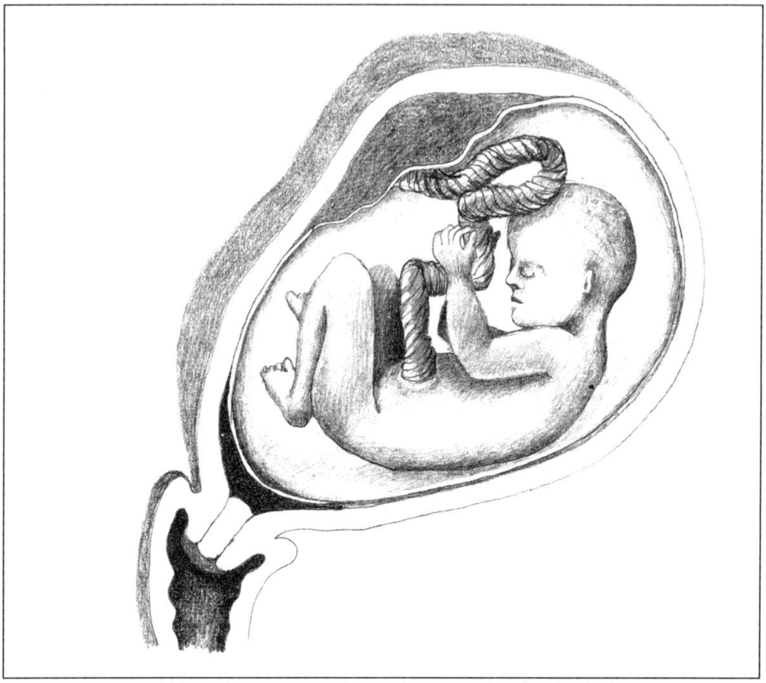

- Mide unos 28 cm. y pesa alrededor de 450 g.
- Sus movimientos se tornan más enérgicos.
- Su cuerpo comienzo a engordar.
- Comienzan a funcionar las glándulas sebáceas.
- Los ojos y párpados ya están perfectamente desarrollados.
- Su cuerpo se encuentra cubierto de *vernix*, sustancia grasosa y protectora.
- Puede escuchar mejor.
- Empieza a formarse una cápsula protectora alrededor de los nervios de la médula espinal.
- El latido cardíaco ya puede oírse con un estetoscopio común.
- Se chupa el pulgar.
- Tiene hipo.
- Puede distinguir lo dulce de lo amargo.
- La mayoría de sus dientes ya están formados, aunque no asomarán hasta varios meses después de nacido.

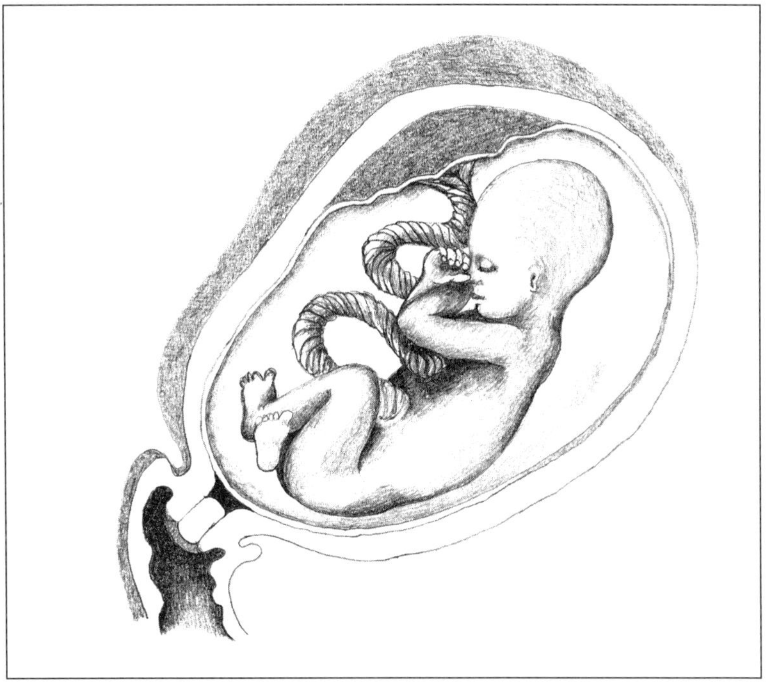

- Mide aproximadamente 34 cm. y pesa alrededor de 1kg. A partir de este momento, en caso de adelantarse el trabajo de parto, hay posibilidades de sobrevida.
- Su piel está arrugada y ya se ha vuelto opaca en lugar de transparente.
- Abre los ojos.
- La cabeza (antes considerablemente grande) ya se encuentra más proporcionada con relación al resto del cuerpo.
- Alterna breves períodos de sueño y vigilia.
- Sus facciones ya se parecen mucho a las que tendrá en el momento del nacimiento.
- El intestino almacena *meconio* (materia fecal primitiva).
- Empiezan a endurecerse los huesos centrales de piernas y brazos.

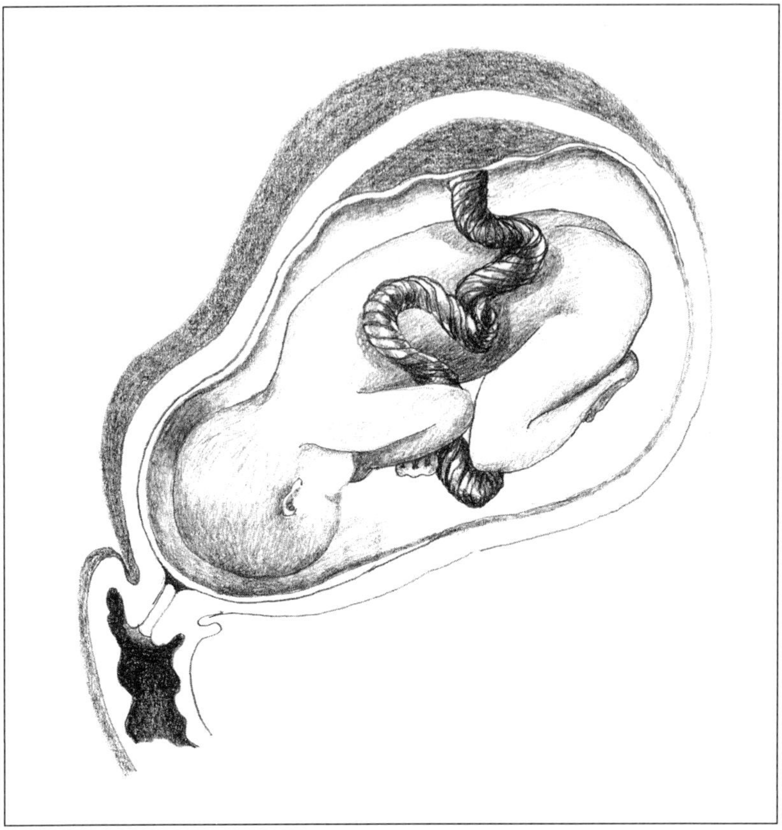

- Mide unos 40 cm. y pesa alrededor de 1 y 1/2 Kg.
- Sus manos ya están perfectamente formadas y le crecen las uñas.
- Comienza a tener rudimentarios movimientos respiratorios.
- Sus ojos ya pueden enfocar.
- Está más activo pero, debido a su crecimiento, es cada vez menor el espacio que le ofrece el útero para moverse.

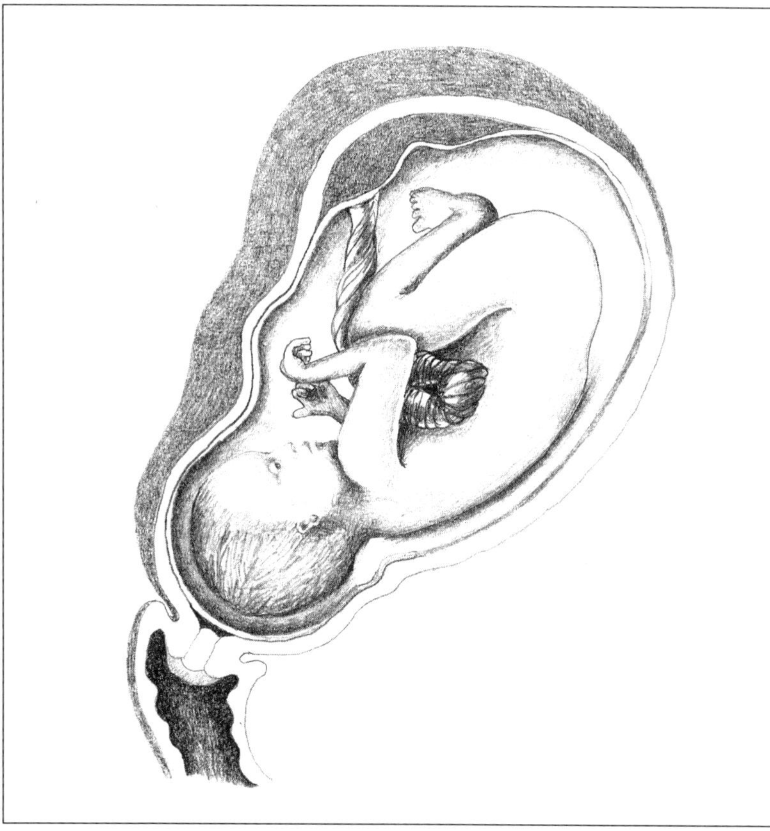

- Mide unos 43 cm. y pesa aproximadamente 2 y 1/2 Kg.
- Suele adoptar posiciones similares a las del momento del nacimiento.
- Desarrolla tejido muscular y grasas.
- Tiene cabello en la cabeza.
- Almacena hierro en el hígado.

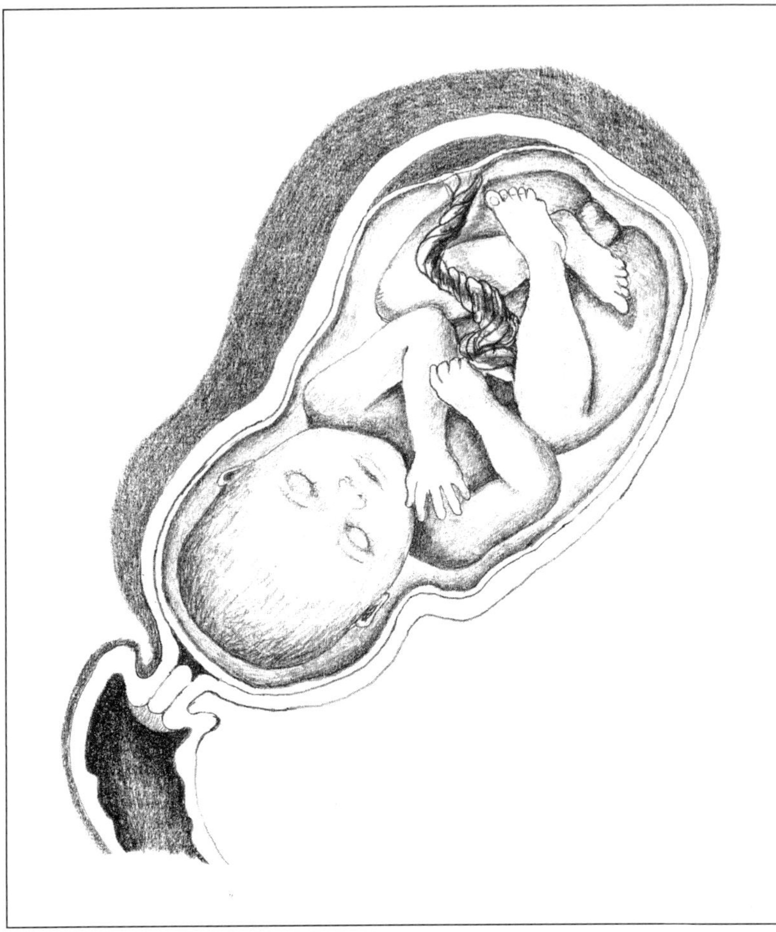

- Es muy parecido a como será en el momento del nacimiento, ya que al término de este período el bebé estará listo para nacer.
- La protección grasosa que lo cubre es gruesa.
- Incorpora inmunidades maternas.

El sexo durante el embarazo

En un embarazo sin problemas, las relaciones sexuales pueden encararse normalmente, como se lo hace fuera de este período. No hay motivos científicos serios y documentados que avalen aquellas antiguas enseñanzas de la obstetricia tradicional que propugnaba un alejamiento de la actividad sexual. Sin embargo, el embarazo impactará en ella y eso será inevitable. Llevar dentro del vientre un bebé en crecimiento cambia la vida, y las relaciones sexuales no son una excepción. ¿Cómo las modifica?

- Debido al incremento hormonal, es común que se excite más rápidamente.
- Asimismo, las áreas altamente erógenas de la anatomía femenina –senos, pezones y genitales– se encuentran muy sensibilizadas y eso las hace más susceptibles que antes a los estímulos.
- El coito se facilita por la relajación de la musculatura vaginal y perineal que producen las hormonas del embarazo. Eso hace que las relaciones sexuales sean en este período más placenteras que en otros.
- Sumado a todo esto, se encuentra el hecho de no tener que recurrir a métodos anticonceptivos, lo cual permite una mayor relajación lo que eso ayuda al placer.
- Eventualmente, su compañero puede encontrarla incluso más atractiva que antes aunque usted no lo considere de esa manera.

Entonces: ¿Todas son ventajas? Lamentable, la respuesta es no.

- Durante el primer trimestre, cuando las náuseas y vómitos son más frecuentes y acentuados, es probable que su deseo sexual baje muchísimo e, incluso, desaparezca.
- El miedo a hacerle daño al bebé podrá también ser muchas veces causa de una represión del deseo sexual, tanto de su parte como de la de su compañero.
- En los últimos meses su ya por demás prominente abdomen los obligará a usar la imaginación en pos de encontrar posi-

ciones que hagan posible la penetración y le permitan, al mismo tiempo, sentirse cómoda y segura.

Y, por supuesto, la pregunta fundamental que seguramente usted se hace en este momento es: ¿Qué sucede con la seguridad del bebé durante el sexo?

En principio –más adelante pasaremos a las excepciones–, repetimos la frase con la que comenzamos este tópico: en un embarazo sin problemas, las relaciones sexuales pueden encararse normalmente, ya que en esos casos –que son la mayoría– no hay razón médica para evitar la actividad sexual durante el embarazo. El bebé se encuentra fuertemente adherido a su útero, el líquido amniótico en el que flota hace las veces de un excelente amortiguador y el útero está sellado por un tapón de moco cervical que ocupa el canal del cuello uterino y le brinda al feto la protección adecuada. Igualmente, recuerde que:

la última palabra acerca de si usted puede tener relaciones de forma normal durante la gestación o, si de lo contrario, debe tener algún tipo de cuidado, debe ser dicha por el médico que supervisa su embarazo.

Circunstancias en que el sexo debe evitarse

Es posible que su médico le diga que es conveniente o necesario que se abstenga de tener relaciones sexuales en los siguientes casos:

- Si presenta pérdidas o flujo con sangre.
- Durante el primer trimestre de embarazo, si ha tenido abortos o amenazas de aborto espontáneos anteriores o si presenta signos de amenaza de aborto.
- Cuando falten entre 8 y 12 semanas para el parto, si hay probabilidad de parto prematuro, o si llega a experimentar signos de parto.
- Si se han roto las membranas fetales, es decir, la bolsa de líquido.
- También el doctor indicará la abstención de las relaciones

sexuales durante el último trimestre del embarazo en caso de que usted esté esperando más de dos bebés.

Muchos tabúes y preconceptos (muchas veces, infundados) influyen negativamente en el libre ejercicio del sexo durante el embarazo. "Pensar en voz alta" acerca de ellos y conversarlos con la pareja es una muy saludable manera de resolverlos y que no ocasionen problemas.

Cómo estar bella

El embarazo implica un cúmulo de cambios y, como no podría ser de otra manera, muchos de ellos afectarán su aspecto personal. ¿Esto quiere decir que usted deberá resignarse a dejar de ser atractiva hasta tener el bebé en sus brazos? De ninguna manera. Sólo se trata, eso sí, de tener en cuenta ciertas pautas y consejos que no son necesarios seguir fuera del período gestacional. Además de los consejos alimentarios que ofrecemos en el capítulo 5 y los referentes a la actividad física que se detallan en el capítulo 6, ofrecemos a continuación una serie de tips para que usted no renuncie a ser una mujer bella y atractiva en las nueve lunas que ha comenzado a afrontar.

- **Indumentaria:**
  - Escoja ropa para maternidad (especialmente a partir del quinto mes, cuando se le hará imperioso) vistosa y atractiva. Si usted es amante de los colores llamativos no los resigne por estar esperando un bebé. Si lo suyo es el naranja, no lo cambie por el azul marino sólo porque su panza aumenta de tamaño. Eso sí: por una cuestión estética evite las rayas horizontales y los estampados grandes.
  - Prefiera el lino y el algodón a los tejidos sintéticos. Esta sana elección la ayudará a evitar posibles erupciones cutáneas.

- Una prenda que cobra gran importancia durante el embarazo es el corpiño, especialmente, porque el tamaño y volumen de sus pechos aumentarán considerablemente. Lo conveniente es que, desde el momento en que confirme el embarazo, comience a usar un corpiño con una banda ancha debajo de las copas y con tirantes anchos y cómodos.
- Por cuestiones estéticas y de salud y economía evite la ropa ajustada. La ropa suelta facilitará la circulación sanguínea, le sentará mejor, estará más cómoda y podrá usarla por más tiempo, pudiendo ahorrar dinero como consecuencia de comprar menos prendas.
- Evite los taco altos: son peligrosos en su estado. Los zapatos totalmente carentes de taco tampoco son recomendables. Opte por un taco bajo (2-3 cm.) y ancho.
- También en lo referente al calzado elíjalo de cuero u otro material que le permita a los pies respirar. Evite el plástico.

- **La piel y su cuidado**
  - Prefiera los productos cosméticos antialergénicos y poco grasos. Son los mejores para esta etapa.
  - Tome baños de inmersión (nunca a una temperatura muy elevada) con aceites: lubricarán e hidratarán su piel. El mercado ofrece multiplicidad de ellos con fragancias diversas, pero los reconocidos aceites de almendras amargas y de oliva extra-virgen son opciones por demás placenteras.
  - Al bañarse (ya sea por inmersión o ducha) masajee vigorosamente su piel con una esponja, guante de crin o similar.
  - Trate la piel de su cuerpo (especialmente la de sus pechos, caderas y vientre, que serán las zonas que sufrirán la distensión más acentuada) con cremas y/o lociones que minimicen la aparición de estrías. Para saber cuáles son, asesórese en una buena perfumería o farmacia.
  - Si va a tomar baños de sol, hágalo siempre en los horarios recomendados (evite las horas anteriores y posteriores al mediodía) y con un factor de protección solar alto.

- La dieta es muy importante. Consumir diariamente alimentos ricos en vitamina A (ver capítulo 5) y frutas y verduras crudas en general, serán una ayuda inestimable para que su piel se vea saludable y hermosa.
- Evite el exceso de maquillaje y los tonos excesivamente cargados. Las bases espesas, aquellas que tienen un color más oscuro que su piel, un lápiz de labios rojo furioso o los ojos recargados, no le sentarán bien en esta etapa. Los colores suaves, naturales y discretos serán lo que más la favorecerá en cuanto al maquillaje.
- Si la piel de su rostro se torna más grasa (cosa que suele suceder durante el embarazo) lávela dos o tres veces por día con un limpiador adecuado sin jabón, la base de maquillaje y utilice una loción humectante.
- Las fluctuaciones hormonales también podrán hacer que usted sufra de acné, quizás, por primera vez. En este caso, será muy importante que higienice su piel con un limpiador especial (pregunte cuáles son las ofertas del mercado al respecto) y, sobre todo, evite apretarlos para no generar peligro de infección. Otra opción que suele dar mucho resultado es lavarse el rostro con agua de hamamelis.

- **El cuidado del cabello**
  - Hágase un corte de cabello que le resulte cómodo y fácil de cuidar.
  - Evite cepillarse de manera muy enérgica.
  - Asimismo, evite permanentes, tinturas y decoloraciones, especialmente durante el primer trimestre. Transcurrido este período, pregunte a su médico cómo manejarse al respecto.
  - Elija un champú y una crema de enjuague suaves.
  - Los masajes en el cuero cabelludo son más que bienvenidos.
  - Si su cabello se torna más graso con el embarazo (cosa que suele suceder) lávelo frecuentemente, todos los días si es necesario, y coloque la crema de enjuague o la savia solamente en la puntas.

- **El busto**
    - Mejore la postura. Una mala posición (como por ejemplo, cargar los hombros hacia delante) hace que el busto se desmerezca y se vea menos firme.
    - Evite dormir boca abajo. Eso hace que buena parte del peso del cuerpo lo sostenga el busto.
    - No exceda los límites normales de peso correspondientes a cada etapa del embarazo, de acuerdo con sus parámetros corporales.
    - Duche a diario sus pechos con agua fría. Eso estimulará la circulación sanguínea en la zona y la ayudará a mantener la tonicidad y elasticidad.
    - Cada 10 o 15 días exfolie su piel con un guante de crin o algún gel exfoliante.
    - Utilice alguna crema que, además de humectante, sea reafirmante. (El aceite de almendras es una excelente alternativa para la humectación y la suavidad de la piel, si bien no tiene efectos reafirmantes.)
    - Realice algún tipo de ejercicio tonificante para la piel y músculos de las mamas como, por ejemplo, apretar entre sus manos una pelota de tenis.

- **El cuidado de los dientes**

  El cuidado dental es primordial durante la etapa de embarazo, por dos motivos. El primero de ellos es que las grandes cantidades de progesterona producidas durante la gestación suelen ablandar y aflojar las encías alrededor de los dientes. Por otro lado, los dientes se encuentran más vulnerables a las caries porque los cambios salivales influyen sobre el esmalte dental. ¿Qué hacer, entonces?
    - Ni bien confirme su embarazo, consulte a su odontólogo y siga al pie de la letra las indicaciones que le dé.
    - Consúltelo en caso de encías sangrantes. En general, no son de cuidado y raramente indican una infección, pero será el profesional quien debe determinar esto.
    - Extreme la higiene dental. Cepíllese los dientes preferen-

temente con una pasta que contenga flúor y utilice hilo dental después de cada comida.

- Use un cepillo suave y con cabeza pequeña que le permita alcanzar todas las caras de sus dientes.
- Evite golosinas y alimentos azucarados.
- Sume a su dieta alimentos ricos en calcio (ver capítulo 5).

Precauciones a tener en cuenta a la hora de embellecerse

Algunos productos de belleza contienen ingredientes que deben ser evitados durante el embarazo. En algunos casos, sus efectos nocivos han sido comprobados. En otros, no existe tal seguridad pero, ante la duda, es mejor abstenerse de su uso.

A continuación, ofrecemos una serie de consejos al respecto:

- *La primera recomendación de base es:* ***acostúmbrese a leer las etiquetas de todo lo que consuma****. Sólo de esa manera podrá estar segura de evitar aquellos productos que podrían perjudicar el normal desarrollo de su bebé.*
- *Especialmente durante el primer trimestre, evite los exfoliantes químicos como los ácidos alfa hidróxidos, ácido glicólico o ácido salicílico. Estos ingredientes pueden encontrarse en cremas de limpieza, humectantes, mascarillas de belleza y preparaciones exfoliantes.*
- *Están contraindicados todos los productos que contengan retinoides: soriatane o actiretina (normalmente utilizado en productos para combatir la psoriasis) tretinoína (Retin-A y Renova) para tratar el acné y la piel dañada por el sol, etc.*
- *Evite muy especialmente los productos que contienen isotretinoína, un tipo específico de retinoide e ingrediente que se utiliza contra el acné y que provoca un riesgo muy acentuado de malformaciones fetales.*

- *Evite las uñas esculpidas.*
- *No se someta a tratamientos de spa que generen calor extremo, tales como las envolturas corporales.*
- *Descarte totalmente cualquier crema u otro producto que contenga hormonas o algún derivado de placenta.*
- *Los autobronceadores son un producto controversial y lo mejor será que los evite durante el embarazo.*
- *No use productos depilatorios (como geles y cremas) que puedan penetrar en su piel.*
- *Evite el abuso de baños de inmersión y cuando los tome no lo haga con el agua a una temperatura excesivamente caliente.*

CAPÍTULO 5

La dieta de la embarazada

Alimentarse de manera correcta y saludable será una de las tareas fundamentales a realizar durante las nueve lunas de su embarazo. Las razones básicas son dos. Por un lado, su cuerpo nunca trabajará tanto como durante los meses de gestación y el momento del parto. Por ende, deberá tener el suficiente "combustible" como para poder hacerlo. Por el otro, durante la gestación es usted quien le brinda al bebé en desarrollo todos los elementos nutritivos, los que deberán ser suficientes y adecuados, tanto en calidad como en cantidad. ¿Cómo comer saludablemente? ¿Dónde se encuentran los nutrientes necesarios? ¿Qué alimentos preferir y cuáles descartar? A continuación, las respuestas a éstas y otras preguntas, y una recomendación que nunca se repetirá lo suficiente: este capítulo, al igual que todos los demás que componen el libro, es sólo una guía orientativa y la última palabra con relación a la dieta la tendrá el médico que supervise su embarazo.

Nutrientes

Se conoce con el nombre de *nutriente* a toda sustancia contenida en los alimentos y que nos es necesaria para vivir y mantenernos en salud. Existen diferentes tipos de nutrientes:

- Proteínas
- Vitaminas
- Minerales

- Hidratos de carbono
- Grasas o lípidos

Proteínas

Su aporte es primordial durante el embarazo ya que todas las células del bebé se formarán a partir de ellas. Posibilitan la elaboración de tejidos, sangre, placenta y líquido amniótico, forman anticuerpos y aportan energía. Las carnes rojas y el pescado proveen proteínas de primera calidad –esto es, las más "completas" para el organismo– al igual que la leche, el queso y el huevo.

Las proteínas de segunda clase –no tan completas, pero también benéficas– se encuentran en los cereales (maíz, centeno, trigo, arroz) y en sus derivados integrales, en las hortalizas frescas (zanahoria, espinaca, zapallo, brócoli) y en las legumbres (lentejas, porotos, garbanzos).

Vitaminas

Las vitaminas son fundamentales en la dieta de la embarazada, ya que resultan esenciales para la mayoría de las funciones vitales, tanto de ella, como del bebé que está gestando. La vitamina B3, por ejemplo, contribuye al desarrollo de células cerebrales, la K cumple una función primordial en el mecanismo de coagulación sanguínea y la A es necesaria para el crecimiento óseo. Por esa razón, es primordial que cuando esté embarazada, su dieta sea lo suficientemente variada como para tener la mayor seguridad de que incorpora todas las vitaminas necesarias. Los profesionales médicos que controlen su embarazo: ellos serán quienes le indicarán si debe tomar un suplemente vitamínico y de qué tipo.

A continuación, le ofrecemos una lista de qué alimentos resultan ricos en determinadas vitaminas, de modo que usted pueda incorporarlos a su dieta.

- **Vitamina A**

Aceite de soja, acelga, yema de huevo, espinaca y margarina.

- **Vitamina B1**

Lentejas, avena arrollada, carne de cerdo, copos de maíz, jamón, garbanzos, cebada en grano y soja y todos sus derivados (leche, tofu, etc.)

- **Vitamina B2**

Hígado de ternera, almendras, leche y copos de maíz.

- **Vitamina B3**

Carne de pollo, cerdo, cordero y pavo, almendras, atún, caballa y cebada.

- **Vitamina B5**

Hígado, riñones, cereales integrales y salvado de trigo.

- **Vitamina B6**

Garbanzos, cebada, caballa, carne de cerdo y de pollo, hígado de ternera y sardinas.

- **Vitamina B12**

Huevos, lácteos, pescado y carne vacuna y de ave.

- **Vitamina C**

Frutas cítricas (naranja, pomelo, limón), espinaca, perejil, kiwi y coliflor.

- **Vitamina D**

Yema de huevo, aceite de hígado de bacalao, pescados grasos (como el salmón y la merluza negra) y leche fortificada.

- **Vitamina E**

Frutas secas (avellana, almendra, nuez), semillas de lino y de girasol, y aceite de maíz y de girasol.

- **Vitamina K**

Vegetales de hojas verdes oscuras (espinaca, brócoli, rúcula), cereales integrales, carne de cerdo e hígado de ternera.

Minerales

Al igual que las vitaminas, los minerales resultan indispensables para el buen funcionamiento del cuerpo, tanto de la futura mamá como del pequeño que se está gestando. Dos de ellos, sin embargo, cumplen una función por demás destacada durante el embarazo: el *calcio* y el *hierro*.

- **Calcio**

Es un elemento central en la composición de dientes y huesos, como también en la formación y desarrollo de los músculos (incluido el corazón) y del tejido nervioso. Su consumo durante la gestación ayuda a evitar la hipertensión producida por el embarazo.

Una buena manera de obtenerlo es a partir de la ingesta de productos lácteos (leche, queso, yogurt) y de semillas de sésamo. Otras fuentes de este mineral son: las almendras, las avellanas, el berro, el brócoli, las sardinas, la soja y sus derivados, y el queso crema.

- **Hierro**

Durante el embarazo, usted necesitará más que nunca incorporar este mineral a su organismo, debido a que es un componente fundamental de la hemoglobina (proteína encargada de transportar el oxígeno hacia las células) y porque resulta esencial para soportar el incremento del volumen de sangre durante el embarazo, así como también para formar la sangre del bebé. En general, es difícil obtener de los alimentos todo el hierro necesario para esta etapa. Por eso, los médicos suelen recetar un suplemento diario de este mineral, especialmente a partir del tercer mes. Sin embargo, nunca estará de más ingerir alimentos ricos en hierro. Estos son, principalmente, pescados y carnes rojas. Otras fuentes de origen vegetal son las semillas, las lentejas y los frutos secos. También son una opción a tener en cuenta los alimentos enriquecidos con hierro, como por ejemplo, los cereales en copos.

Algo primordial a tener en cuenta: la vitamina C ayuda al organismo a metabolizar el hierro y sacar mayor provecho de él, así que será por demás positivo si, cuando ingiere un alimento rico en hierro, lo combina con un kiwi o con un jugo de pomelo o naranja recién exprimido. También es preferible no tomar té, mate o café una hora antes o una hora después de comer alimentos ricos en hierro, ya que estas infusiones contienen sustancias que dificultan la absorción de hierro por parte del organismo.

- **Otros minerales necesarios y fuentes donde obtenerlos**

Fósforo

Maní, nuez, camarones, almendras, avellana, cacao, centeno, hígado de ternera y yema de huevo.

Cobre

Radicheta, acelga, carne de cerdo, espinaca, gelatina, yema de huevo, hongos y soja.

Sodio

Durante el embarazo, es fundamental evitar el exceso de sal (cloruro de sodio) ya que puede provocar hipertensión y edemas (acumulación de agua en los tejidos). El sodio contenido naturalmente en todos los alimentos es suficiente.

Potasio

Germen de trigo, acelga, caviar, almendras, avellanas, nuez, espinaca, soja, hongos, lentejas y maní.

Zinc

Mariscos bivalvos (mejillones, ostras, berberechos), arenque, nueces, germen de trigo y carnes rojas.

Molibdeno

Legumbres y hortalizas en general.

Magnesio

Principalmente, los vegetales de hojas verdes. También se encuentra en la papa, el pan, las frutas secas y las semillas de girasol.

Hidratos de carbono

También conocidos como *carbohidratos*, su ingesta debe ser la más abundante en cualquier dieta, incluyendo la de la mujer gestante. Los hay de dos tipos: simples y complejos y son estos últimos los más importantes durante el embarazo.

Los hidratos de carbono simples constituyen una fuente de energía rápida, ya que el organismo los absorbe y procesa a gran velocidad, y se encuentran, en gran cantidad en la miel, el azúcar y las frutas. De entre estas últimas, la banana y la castaña se caracterizan por su alto contenido.

Los carbohidratos complejos deben ser trabajosamente metabolizados por el organismo y eso los convierte en una fuente de energía no tan instantánea, pero sí más prolongada. Se encuentran en los cereales y en todas las harinas derivadas de ellos, así como también en el arroz, las papas, los porotos y las lentejas.

Estos nutrientes constituyen una suerte de combustible hiperconcentrado que utiliza el organismo para formar reservas de energía. Por lo tanto, son fundamentales durante el embarazo, aunque es primordial que tenga en cuenta que su contenido calórico es muy alto y, si se excede en su ingesta, el sobrepeso no tardará en hacerse presente. Las fuentes más saludables de donde obtenerlos son los aceites vegetales (maíz, uva, girasol, pero muy especialmente el de oliva), los pescados grasos (como el salmón) y las frutas secas.

Las calorías

Se entiende por caloría a la unidad para medir el contenido calórico o energético de una sustancia. ¿Cuántas calorías diarias puede consumir una mujer embarazada? No hay una respuesta única ya que, en verdad, los requerimientos diarios de calorías dependen de varios factores: el momento del embarazo, la calidad de la alimentación previa a la concepción, el nivel de actividad que tenga y, por supuesto, altura y peso. Sin embargo, en líneas generales pueden considerarse las siguientes cifras estimativas:

- Calorías diarias para la mujer no embarazada: 2200.
- Calorías diarias para el primer trimestre de embarazo: 2400.
- Calorías diarias para el segundo y tercer trimestre de embarazo: 2500.

¿Dónde podrá obtenerlas? Básicamente de los hidratos de carbono y de las grasas o lípidos y, en menor medida, de las proteínas. ¿Cómo obtenerlas? Prefiriendo los alimentos y platos de alto poder nutritivo y descartando las denominadas “calorías vacías” o sea, las que sólo aportan calorías y casi ningún nutriente. ¿Dónde se encuentran estas calorías vacías? Básicamente en las bebidas gaseosas, las golosinas, la pastelería industrial, las papas fritas empaquetadas y demás snacks industrializados, los helados (tanto de crema como de agua), las jaleas y mermeladas industrializadas y los jugos de fruta azucarados.

Acerca de los alimentos y las calorías

A continuación, ofrecemos un listado de alimentos saludables y su contenido calórico. Siempre se toma como medida, 100 g de alimento.

Alimento	Calorías
Acelga	20
Almendra	581
Ananá	57
Apio	10
Arroz	346
Atún	146
Avena	374
Banana	96
Carne magra	282
Cebolla	45
Ciruela	54
Durazno	49
Espinaca	22
Hígado	129
Huevo entero	158
Leche descremada	36
Lenteja	338
Limón	40
Manzana	60
Merluza	77
Nuez	706
Palta	258
Papa	86
Pejerrey	95
Pepino	13
Pollo	111
Radicheta	12

Alimento	Calorías
Remolacha	50
Salmón	150
Sardina	269
Tomate	18
Trigo	356
Uva	76
Zapallito	11

Recomendaciones generales

La primera recomendación lleva ese número de orden porque es, al mismo tiempo, la de carácter más general y la más importante: ***base su dieta en frutas frescas, verduras, huevos, cereales, carnes magras, pescado y lácteos descremados.***

Una vez dejado esto en claro, otra serie de consejos para complementar el que acabamos de dar:

- **Varíe su dieta** todo lo posible, para incluir los grupos básicos de alimentos (frutas, verduras, lácteos, carnes) y dentro de cada grupo, la mayor variedad (diferentes frutas y verduras, etc.).
- **Reemplace las 2 o 3 comidas grandes** que se hacen habitualmente (desayuno, almuerzo y cena) **por 5 o 6 más pequeñas** y todas ellas de contenido calórico relativamente bajo.
- **Seleccione los alimentos en función de su calidad y no de la cantidad.** Una buena manera de hacerlo (y con la ventaja adicional de ahorrar dinero) será, por ejemplo, optar por frutas y verduras de estación, ya que su frescura estará asegurada.

- **Cuide el momento de comer.** Hágalo lentamente, masticando bien los alimentos y en un ambiente relajado y tranquilo. Es conveniente evitar las distracciones (leer, mirar televisión) y concentrarse en el acto de comer.
- Durante la gestación se incrementa el volumen de sangre del organismo y por esa razón, es necesario aportarle al cuerpo mucho líquido, de manera tal que cuente con la materia prima para fabricar esa sangre. Por ello, **beba abundante líquido** a lo largo del día y, especialmente, fuera de las comidas. Además, favorecerá la digestión, evitará la constipación, hidratará su piel y, en definitiva, ayudará al buen funcionamiento de su organismo y al desarrollo de su hijo. El mínimo es de dos litros diarios y el máximo no existe: todo líquido será bienvenido y si el cuerpo no lo necesita lo eliminará a través de la orina o de la transpiración. Lo ideal es que prescinda absolutamente del alcohol (ver punto siguiente) y que limite, en la medida de lo posible, la ingesta de gaseosas, té y café. Los mejores líquidos son el agua mineral, los jugos de fruta naturales, la leche descremada y el caldo descremado natural (no el que viene en cubo o polvo).
- **Evite a toda costa el consumo de bebidas alcohólicas.** En todos los casos, disminuye el aprovechamiento de ciertos nutrientes y aporta "calorías vacías". En el caso específico de las embarazadas, su abuso puede provocar malformaciones congénitas.
- **Remueva y elimine la grasa que se forma en las sopas y los caldos.** Para ello, déjelos en la heladera por un par de horas y, cuando se solidifique la grasa en la parte superior de la preparación, retírela cuidadosamente con una cuchara o espátula.
- **Elija siempre cortes de carne magra.** Aún así, retire siempre con un cuchillo la grasa excedente.
- Asimismo, **consuma el pollo sin piel**, ya que ésta es de un altísimo contenido calórico y posee relativamente pocos nutrientes.
- **Evite los fritos.** La parrilla, el horno y la vaporera resultan métodos de cocción mucho más saludables.

- **Evite los aderezos industriales y envasados, así como los picantes** para darle sabor a sus platos. Utilice, en cambio: aceite crudo –preferentemente de oliva, pero también de uva, maíz o girasol– aceto balsámico o vinagre aromatizado, jugo de limón (natural y no envasado), yogurt natural descremado y hierbas aromáticas: perejil, albahaca, cilantro, tomillo, romero, etc.
- **Lave y enjuague muy bien las frutas y verduras**, especialmente cuando las vaya a consumir crudas. Una gota de lavandina por litro de agua es una buena manera de asegurar un buen lavado.
- **No se exceda en el consumo de sal**: contribuye a la retención de líquidos y puede subir la presión arterial. Lo ideal es consumir los alimentos sin agregarle sal (estos ya tienen su propia sal) o, en su defecto, salar los platos con la menor cantidad posible.
- **Agregue una cucharadita de leche en polvo a todo lo que ya contenga leche**: un licuado, un yogurt, etc. De esta manera, obtendrá una ración extra de calcio, que tan necesaria le será durante la gestación.

Alimentos a evitar

De la misma manera en que señalamos que un programa alimentario para una mujer embarazada debe basarse en frutas frescas, verduras, cereales, carnes magras, pescado y lácteos descremados, existe otra serie de alimentos que usted deberá evitar a toda costa y por varias razones, dependiendo del alimento en cuestión. Algunos, como las golosinas, por ser un claro ejemplo de "calorías vacías", otros, como la crema de leche, por ser excesivamente calóricos o, como las bebidas alcohólicas, por ser sumamente nocivos para el feto. En definitiva, la lista de alimentos a evitar es la siguiente:

- Aderezos industriales y envasados: ketchup, mayonesa, salsa tártara, mostaza, etc.
- Bebidas alcohólicas, tanto las que contienen una alta gradua-

ción (ron, tequila, whisky) como aquellas más inocuas como el vino o la cerveza.

- Bebidas gaseosas, ya que provocan hinchazón y son un ejemplo de calorías vacías, con un alto contenido calórico y cero nutrientes.
- Café.
- Sopas instantáneas y caldos en cubo o en polvo.
- Productos lácteos enteros, muy especialmente la crema de leche y la manteca.
- Fiambres, chacinados y salchichas.
- Pescados ahumados.
- Golosinas.
- Helados, especialmente los de crema.
- Jaleas y mermeladas industrializadas.
- Jugo de frutos industrializados y envasados.
- Papas fritas y snacks de copetín en general.
- Pastelería industrial.

El aumento de peso

Una de las muchas dudas que probablemente le surgirán durante el embarazo, especialmente si es primeriza, es cuánto deberá aumentar de peso de manera tal que resulte suficiente pero no excesivo. Como en otras áreas, no hay una respuesta única y terminante, ya que eso depende de muchas variables: su peso previo al momento de la concepción, el tamaño del bebé y de la placenta, la calidad de su dieta anterior al embarazo, su estatura, etc.

Sin embargo, pueden darse algunos parámetros orientativos. Si la dieta es la adecuada y tanto usted como su bebé tienen un tamaño promedio, el aumento esperado es de entre 9 y 13 kg. durante las cuarenta semanas de gestación. De ellos, aproximadamente 3 corresponden al bebé, mientras que los otros se ubican en la placenta, el aumento del volumen de sangre, el líquido amniótico, la grasa, el incremento del útero, el líquido acumulado en los tejidos y el aumento de las mamas. Es importante tener en cuenta que el incremento de peso no suele producirse de manera pareja a lo largo de toda la gestación. Durante el primer trimestre lo más usual es que aumente poco o nada, y algo muy similar le sucederá en el último mes. Es, en cambio, entre el cuarto y el octavo mes, cuando se aumenta la mayor parte del peso.

El exceso de kilos se pierde de manera gradual en los meses posteriores al nacimiento, siempre y cuando se mantengan los hábitos alimentarios correctos para que esto suceda. También ayuda, como en toda reducción de peso, la actividad física y darle de mamar al bebé, ya que se utilizan calorías en la producción de leche.

Ejemplo de alimentación para un día

Teniendo en cuenta las recomendaciones generales que se han dado y los alimentos a evitar, un día de alimentación para una mujer embarazada, podría ser el siguiente:

Desayuno

1 vaso de jugo de naranja.
1 rodaja de queso por-salut.
2 rodajas de pan integral.

Colación de media mañana

1 huevo duro o pasado por agua.

Almuerzo

Pejerrey a la parrilla con ensalada de repollo y tomate.
1 taza de compota de manzana.

Colación de media tarde

1 vaso de licuado energético (ver más abajo).

Cena

1 taza de sopa de verduras (mínimo, 4 verduras).
1 plato de guisado de soja y vegetales (ver más abajo).

Antes de dormir

2 rodajas de ananá.

Recetario: propuestas sustanciosas y ricas

A continuación presentamos un conjunto de recetas que comparten una serie de características fundamentales que las hacen por demás convenientes para la etapa de embarazo: tienen múltiples nutrientes, su contenido calórico no es muy elevado y son sumamente sabrosas y agradables al paladar. Algunas de ellas son aptas para un buen plato principal (ya sea cena o almuerzo), otras constituyen un inmejorable desayuno mientras que otras serán, tentempiés para el momento en que usted sienta los reclamos de su estómago.

Licuado energético

INGREDIENTES:

- ✓ *1/2 taza de yogurt descremado*
- ✓ *1/2 taza de leche descremada*
- ✓ *1 cucharada de avena arrollada*
- ✓ *1 cucharada de leche en polvo*
- ✓ *1/2 taza de fruta fresca surtida, pelada y cortada en trozos*
- ✓ *1 cucharada de germen de trigo*

PREPARACIÓN:

1. Coloque todos los ingredientes en una licuadora y procese hasta que estén todos integrados en un líquido espeso y homogéneo.
2. Sirva y tómelo de inmediato.

Cóctel de verduras verdes

INGREDIENTES:

- ✓ *1 taza de yogurt natural descremado*
- ✓ *1 pepino pelado y cortado*
- ✓ *1/2 taza de brócoli cocinado al vapor*
- ✓ *1/2 taza de arvejas hervidas*
- ✓ *1 cucharada de cebolla cruda y picada*
- ✓ *1/2 taza de hielo picado*

PREPARACIÓN:

1. Coloque todos los ingredientes en una juguera en el mismo orden en que aparecen y procéselos.
2. Sírvalo y tómelo inmediatamente.

Brochetas de carne, vegetales y frutas

INGREDIENTES:

- ✓ *6 cubos de carne magra de ternera o cerdo*
- ✓ *1 tomate cortado en cuartos*
- ✓ *1 cebolla cortada en cuartos*
- ✓ *2 papas chicas con cáscara*
- ✓ *1/2 manzana con cáscara, cortada en cuartos sin el corazón*
- ✓ *1/2 naranja con la cáscara, cortada en cuartos, sin semillas*
- ✓ *2 cucharadas de jugo de limón*
- ✓ *2 cucharadas de aceite de oliva*
- ✓ *Una pizca de sal (optativo)*

PREPARACIÓN:

1. Arme las brochetas: disponga un pincho e intercale en él la carne con el tomate, las papas y las cebollas y en otro, la manzana con la naranja.
2. Pincele el primer pincho con el aceite de oliva, si lo necesita, y agregue la pizca de sal.
3. Agréguele el jugo de limón a las frutas.
4. Cocine las brochetas en una parrilla, aproximadamente 12 a 15 minutos de cada lado.

Ensalada de verduras con carne blanca

INGREDIENTES:

- ✓ *1 taza de pechuga de pollo o carne de pavo cocida, pelada y desmenuzada*
- ✓ *1/2 tomate cortado en rodajas*
- ✓ *1/2 pepino cortado en rodajas*
- ✓ *1/2 cebolla cortada en juliana*
- ✓ *1/2 zanahoria rallada*
- ✓ *1 puñado de hojas de rúcula*

- *1 taza de brotes de soja*
- *1/2 taza de blanco de apio cortado en rodajas*
- *1 cucharada de aceite, preferentemente de oliva*
- *4 cucharadas de yogurt natural descremado*
- *1 cucharada de perejil picado*
- *Una pizca de sal*

PREPARACIÓN:

1. Coloque la carne de ave, el tomate, el pepino, la cebolla, la zanahoria, la rúcula, los brotes de soja y el apio en una ensaladera.
2. Realice un aliño mezclando bien el aceite, el yogurt, el perejil y la sal.
3. Vierta el aliño sobre la ensalada y mezcle bien.

Pescado con vegetales y nueces

INGREDIENTES:

- *2 filetes de pejerrey*
- *1 cebolla picada*
- *1 zanahoria cortada en rodajas*
- *1 rama de apio cortada en rodajas*
- *1 diente de ajo picado*
- *3 cucharadas de nueces picadas*
- *1 hoja de laurel*
- *2 cucharadas de jugo de limón*
- *1 cucharada de aceite de oliva*
- *1/2 taza de agua*
- *Una pizca de sal*

PREPARACIÓN:

1. Coloque en una fuente que pueda ir al horno la cucharada de aceite de oliva y agregue por encima la cebolla, la zanahoria, el apio y el ajo.
2. Espolvoree las nueces picadas sobre uno de los filetes de pejerrey, colóquele encima la hoja de laurel y rocíelo con el jugo de limón.
3. Póngale encima el otro filete y, con un par o más escarbadientes, ciérrelo, para crear una suerte de "sándwich" de pescado.
4. Sálelo y colóquelo al lado de los vegetales.
5. Cocine en horno mediano durante aproximadamente media hora.

Guisado de soja y vegetales

INGREDIENTES:

- ✓ *1 taza de porotos de soja cocidos*
- ✓ *1/2 cebolla picada*
- ✓ *1 zapallito cortado en cubos*
- ✓ *1 puerro cortado en rodajas*
- ✓ *1 zanahoria cortada en cubos*
- ✓ *1/2 taza de champignones u hongos cortados en láminas*
- ✓ *1 morrón rojo cortado en cubos*
- ✓ *1 tomate perita pelado, sin semillas y cortado en cubos*
- ✓ *1 diente de ajo picado*
- ✓ *1 cucharada de aceite, preferentemente de oliva*
- ✓ *1 taza de caldo de verduras desgrasado*
- ✓ *1 cucharada de azafrán*
- ✓ *Una cucharada de perejil picado.*
- ✓ *Una pizca de sal*

PREPARACIÓN:

1. Ponga el aceite en una olla al fuego y rehogue la zanahoria y el zapallito a fuego bajo revolviendo de vez en cuando, durante 10 minutos.
2. Agregue la cebolla, el puerro, los champignones, el morrón y el tomate. Cocine, siempre revolviendo, 5 minutos más.
3. Agregue los porotos de soja, el ajo y el caldo. Mezcle bien y cocine a fuego bajo hasta que el líquido se evapore.
4. Sale y deje reposar tapado durante 5 minutos.
5. Sírvalo y espolvoréelo con el perejil.

Fideos con albóndigas

INGREDIENTES:

- ✓ *1 taza de fideos secos*
- ✓ *1/2 taza de carne de ternera magra picada*
- ✓ *1/2 taza de carne de cerdo magra picada*
- ✓ *1 huevo*
- ✓ *Harina para rebozar, cantidad necesaria*
- ✓ *2 tomates pelados y picados*
- ✓ *1 diente de ajo picado*
- ✓ *1 taza de caldo*
- ✓ *2 cucharadas de aceite de oliva*
- ✓ *2 cucharadas de queso rallado*
- ✓ *Una pizca de sal*

PREPARACIÓN:

1. Mezcle bien la carne de ternera y de cerdo con el huevo y sale la mezcla.
2. Haga pequeñas albóndigas con la preparación y páselas por harina. Reserve.
3. Cocine los fideos en agua hirviendo y cuele. Reserve.
4. Caliente el aceite en una sartén, salte el ajo picado y añada los tomates, el caldo y las albóndigas.
5. Cocine unos 20 minutos dando vuelta varias veces y, hacia el final, agregue los fideos.
6. Espolvoree con queso rallado y sirva.

CAPÍTULO 6

Actividad física, respiración y relajación

A menos que exista algún problema en particular que la obligue a hacer reposo (cosa que puede suceder y que le será indicada por su médico) es de fundamental importancia que mantenga una actividad física constante a lo largo de todo el período gestacional. Pero... ¡atención! Aunque el ejercicio físico no esté contraindicado en su embarazo, no lo puede realizar de la misma manera en que lo haría si no estuviera gestando un niño. Por ello, deberá tener en cuenta ciertos cuidados y precauciones. Pero sin dudas, una actividad física moderada, regular y adecuada al embarazo ofrece muchas ventajas si se realiza de manera prudente. ¿Cuál es la actividad física adecuada? ¿Qué deportes o prácticas son las recomendables? De ello trata la primera mitad de este capítulo.

En la segunda mitad, usted encontrará información acerca de otras dos cuestiones vinculadas con lo que puede hacer por y con su cuerpo durante el embarazo para que el parto resulte más sencillo: las técnicas de respiración y de relajación.

¿Por qué resulta fundamental tener actividad física?

Básicamente, porque conlleva múltiples beneficios. Los más destacables son:

- Favorece un estado general saludable, tanto desde el punto de vista físico como psíquico, incrementando los niveles de energía y la sensación de bienestar.
- De manera más específica, contribuye a mejorar la circulación, la condición cardiovascular y la respiración.
- Ayuda a evitar el sobrepeso.
- Contribuye a combatir el insomnio y otros problemas del sueño.
- Ayuda a evitar el estreñimiento y, con ello, a minimizar la aparición o desarrollo de hemorroides.
- Mantiene la tonicidad muscular.
- Disminuye la posibilidad de una cesárea.
- Ayuda también a mantener y mejorar la tonicidad de la piel, evitando o minimizando las temidas estrías.
- Favorece la producción de endorfinas, hormonas que tienen la capacidad de aliviar el dolor.
- Ayuda a mantener una correcta postura corporal, sobre todo en el último trimestre, cuando el peso del vientre es por demás considerable.
- Disminuye algunas molestias típicas del estado de gestación, tales como el dolor de espalda o la fatiga excesiva.
- Ayuda a lograr una autopercepción corporal más clara y, con ello, permite trabajar en forma más eficiente durante el parto.
- Asimismo, si durante el embarazo ha realizado un programa de ejercicios adecuado, su cuerpo estará fortalecido y podrá atravesar el parto con facilidad.
- Cuanto más en forma esté durante su embarazo, más pronta será la recuperación posterior al parto.

Es posible que el embarazo sea una circunstancia por la cual usted se plantee la conveniencia de hacer ejercicio físico para vivir mejor y más plenamente una etapa tan importante de su vida. En realidad, lo ideal es comenzar a prepararse físicamente antes de quedar embarazada, de modo tal de encontrarse completamente capacitada desde el punto de vista físico durante todo el período gestacional y el parto. Pero, como lo ideal no siempre se corresponde con la realidad, en caso de que no haya sucedido así, el embarazo puede ser el momento apropiado para adquirir el saludable hábito de realizar ejercicio físico con regularidad.

Pautas para un programa adecuado para la embarazada

Tal como lo adelantamos, el embarazo no es un momento donde se pueda hacer cualquier tipo de ejercicio o deporte, o realizarlo de cualquier manera. Es fundamental cuidar tanto la cantidad como la calidad del ejercicio realizado. Seguramente su médico serás más que explícito al respecto y usted seguirá sus indicaciones, pero le daremos a continuación algunos señalamientos básicos para su cuidado:

- **Comience con sesiones breves**, especialmente si no tiene un *training* previo al embarazo, y luego vaya aumentando de a poco la duración de la sesión. Por ejemplo, un buen comienzo lo constituye cinco minutos de ejercicios de precalentamiento, cinco minutos de ejercicios y cinco minutos de relax. La frecuencia ideal a alcanzar es de tres o cuatro sesiones por semana de unos 45 minutos de duración cada una.
- **Nunca deje de lado el precalentamiento.** De esta manera evitará lesiones, el ejercicio rendirá más y usted dispondrá de la máxima energía para disfrutar de la actividad.
- **No pase grandes períodos sin hacer ejercicio.** Si no puede realizar una sesión, oblíguese, por ejemplo, a caminar unas cuadras.
- **Sea constante.** Es más benéfico, efectivo y saludable mantener una actividad regular y moderada que pasar de la inactividad a un ejercicio físico intenso.
- **Los ejercicios deben ser siempre lentos, rítmicos y constantes.**
- **Use ropa adecuada:** suelta, con un buen soporte tanto en los pechos como en el abdomen y un calzado adecuado. A medida que la cintura se ensanche, le convendrá adquirir un pantalón de deporte especial para embarazadas.

- **No haga ejercicios en un lugar que sea excesivamente húmedo o caliente.**
- **Elija siempre una superficie dura y firme** (tal como un piso alfombrado o de madera) para aquellos ejercicios en los cuales deba acostarse.
- Antes y después de los ejercicios, **beba abundante líquido** para prevenir la deshidratación.
- **Antes de comenzar cada ejercicio inhale profundamente por la nariz**, si es necesario más de una vez; esto estimulará, al mismo tiempo, la oxigenación y la relajación.
- **Interrumpa el ejercicio si siente algún tipo de malestar**, especialmente palpitaciones, mareo, náuseas, falta de aliento, pérdida de control muscular, desmayo o sangrado vaginal. En cuanto se recupere, consulte a su médico, con especial premura en los dos últimos casos.
- **Detenga el ejercicio** y vuelva a comenzar **tantas veces como sienta que su cuerpo necesita un descanso.**
- **Controle su pulso**, especialmente en los momentos "pico" de la actividad. Si los latidos sobrepasan los 25 cada 10 segundos, baje el ritmo.
- **Esté muy atenta a los mensajes que su cuerpo le envía.** Particularmente durante el embarazo los cambios son constantes y un ejercicio que no le ocasionaba inconveniente algunos días atrás hoy puede generarle malestar.
- Especialmente durante los dos últimos trimestres, **evite estar mucho tiempo tumbada boca arriba**, ya que puede disminuir el flujo de sangre a su bebé.
- **Al levantarse de una posición horizontal, hágalo en varias fases.** Primero póngase de lado, y luego apóyese en el codo y con la mano del otro lado, para que soporten el peso de su cuerpo. Incorpórese ayudándose con ambas manos hasta la posición sentada y, una vez así, ponga los dos pies en el suelo y, con las manos en las rodillas, incorpórese lentamente.
- Evite:
  - Movimientos bruscos o de alto impacto.
  - Saltos.

- Todo ejercicio que requiera cambios rápidos de velocidad o dirección, así como también los que impliquen riesgo de caída.
- Llegar al estado de agotamiento.

Prácticas y/o deportes más conveniente

¿Qué tipo de ejercicio físico o de deporte es conveniente que realice durante su embarazo? A continuación, los cinco más recomendados.

- **Gimnasia aeróbica**
  El ejercicio aeróbico de bajo impacto resulta el más adecuado para las necesidades y posibilidades de una embarazada. Caminatas, bicicleta (fija o móvil) y baile resultan excelentes opciones al respecto. Si, además, la caminata o el paseo en bicicleta los efectúa en sitios que sean de su agrado y el baile lo realiza con algunas de sus canciones favoritas, agregará una cuota de placer a su ejercitación. Una precaución a tener en cuenta: la bicicleta móvil no es conveniente en los últimos meses, ya que podría perder el equilibrio debido al tamaño de su abdomen. Siempre tenga en cuenta que los recorridos deben efectuarse sobre terreno llano para evitar accidentes.
- **Natación y gimnasia acuática**
  Ambas constituyen una excelente opción ya que armonizan el sistema muscular y permiten ejercitarse con un impacto sumamente bajo, debido a que el agua opera a modo de colchón líquido que protege su cuerpo.
- **Yoga**
  Esta disciplina proveniente de Oriente puede ser de gran provecho en la etapa gestacional debido a que se realiza en base a movimientos suaves y a que concede gran importancia a la relajación, las técnicas respiratorias y la conciencia y el control muscular, todas ellas muy útiles en el momento del parto. Eso sí: no realice *asanas* (posturas) que impliquen equilibrio inestable,

especialmente cuando su vientre comience a ser prominente.

- **Golf**
  Las caminatas que propone el golf, especialmente porque se realizan en un lugar al aire libre y en contacto con la naturaleza, están ampliamente recomendadas para la mujer gestante.

Circunstancias en que el ejercicio físico debe ser acotado

Ciertas circunstancias hace que, en algunos embarazos, deba acotarse aún más las posibilidades de ejercicio físico. A continuación, detallamos cuáles son esas circunstancias y de qué manera restringir el ejercicio:

- **Parto prematuro anterior:** si usted ha tenido previamente un parto con estas características, debe ser en extremo cauta al realizar ejercicios físicos, especialmente durante el tercer trimestre del embarazo. Sólo se recomienda caminar a paso no demasiado vivo, realizar suaves estiramientos y practicar aquellas posturas de yoga que no impliquen hacer ningún tipo de equilibrio.
- **Retraso del crecimiento intrauterino:** es posible que el bebé no esté creciendo al ritmo que debiera por diversas causas (bajo aporte de oxígeno, suministro deficiente de sangre a la placenta, etc.). Esto deberá ser determinado por el médico y, en caso de que así fuera, es preferible limitar la actividad física y sobre todo su intensidad ya que el bebé puede verse afectado seriamente. No olvide que el ejercicio físico hace que la sangre, y con ella el oxígeno, se dirija hacia otras partes del cuerpo que no son el útero. Consulte a su médico al respecto, pero es conveniente que realice solamente caminatas lentas y efectuar estiramientos suaves.
- **Embarazo múltiple:** si se está gestando más de un bebé, tendrá que tener un cuidado especial y para ello es recomendable realizar solamente ejercicios muy suaves, como los estiramientos lentos y la gimnasia relajada.

- **Problemas de corazón:** si usted sufre de alguna cardiopatía, el incremento de la cantidad de sangre que bombea su corazón durante el embarazo (que es mayor de la que bombea cuando no lo está) y el aumento de frecuencia cardíaca que supone el ejercicio físico pueden convertirse en un riesgo. Sólo realice tales actividades bajo la supervisión del cardiólogo.

Circunstancias en que el ejercicio físico está contraindicado

Hay circunstancias que hacen que la actividad física esté absolutamente contraindicada. Básicamente, la hipertensión y la placenta previa. Las explicamos:

Hipertensión: tanto las futuras mamás hipertensas como aquellas que desarrollan preeclampsia (ver capítulo 8) deberían abstenerse de realizar cualquier tipo de ejercicio físico. Al contrario, se recomienda evitar la hiperactividad y optar por el reposo.

Placenta previa: cuando la placenta en lugar de ubicarse en la región correcta lo hace en la parte inferior del útero y cierra la apertura de la cérvix, es preferible no realizar ningún tipo de ejercicio físico y guardar reposo.

Respiración y relajación

Las técnicas de respiración y de relajación resultan de mucha ayuda en todo momento de la vida, más aún en el embarazo y son fundamentales durante el parto.

A continuación daremos algunas indicaciones de por qué resultan tan importantes y de qué manera puede instrumentarlas.

Técnicas de respiración

Toda actividad que pone en juego el cuerpo (gimnasia, canto, natación, tarea docente en aula, fútbol) requiere de una técnica respiratoria adecuada. Y el parto es una de ellas. Junto con las prácticas de relajación que explicaremos más adelante, los esquemas respiratorios se usan en los distintos momentos del parto para aliviar el dolor y canalizar de manera más positiva el tremendo caudal de energía que se requiere, y en los que usted deberá hacer que su cuerpo se relaje tanto como sea posible al tiempo que colabora con las contracciones. Seguramente, las técnicas respiratorias para afrontar los diversos estadios del parto serán una de sus principales "materias" en el curso de preparto. Además, en ese espacio de aprendizaje, usted tendrá la ventaja de que no solamente conocerá las bases teóricas de cada tipo de respiración sino que contará con una o más personas pertenecientes al plantel docente que controlarán que las esté practicando de manera adecuada. Aquí le ofrecemos una guía al respecto.

Respiración lenta o de limpieza

Se trata de una respiración relajada, honda y profunda que resulta ideal para el comienzo y el final de las contracciones. Utilizando este esquema, se respira de 6 a 10 veces por minuto, aproximadamente la mitad del promedio normal. Para llevarla a cabo:

- Inhale con lentitud y profundamente por la nariz.
- Lleve el aire hacia la zona inferior de la caja torácica.
- Exhale por la boca produciendo un suspiro relajado.
- Haga una pausa de dos o tres segundos.
- Recomience la secuencia.

Este tipo de respiración tiene varias ventajas, a saber:

- Le proporciona más oxígeno al bebé.
- Internamente, en caso de hacerla al comienzo de una contracción, le señala que ésta está comenzando y que, tal vez, después de realizar un par de respiraciones, deba cambiarla por el jadeo; en caso de hacerla hacia el final de una contrac-

ción, le recuerda que comienza un breve lapso de descanso.

- Le permite sacar de un soplo la tensión residual después de que finaliza una contracción.

Jadeo

Este segundo esquema respiratorio (también conocido como "respiración liviana") le será de gran utilidad cuando advierta que la respiración lenta ya no la relaja. En general, suele implementarse durante la fase expulsiva, ya que permite controlar los deseos de pujar y ayuda a no distender en demasía los músculos de la zona del perineo.

Consiste, básicamente, en hacer inhalaciones muy cortas y superficiales.

Practíquelo de la siguiente manera:

- Cuando la contracción comience, cambie el ritmo respiratorio, acelerándolo cada vez más, hasta que llegue a un promedio de una respiración por segundo.
- Conviene que tanto la inspiración como la espiración se realicen por la boca.
- Cuando la contracción decrezca en intensidad, vuelva usted también gradualmente a una respiración más lenta.

Respiración para pujar

Este tercer modo indica realizar dos o tres inspiraciones profundas y cortas y, en el momento en que contrae los músculos del abdomen, aguantar la respiración. A continuación, relajar los músculos y expulsar el aire.

Respiración variable

Este último tipo de respiración que presentamos es una variación del jadeo y consiste en lo siguiente:

- Cuando empiece la contracción, realice una respiración profunda que le permita relajarse.
- Luego, jadee por la boca a un promedio de diez a veinte respiraciones por minuto.
- Después de cada tercera o cuarta respiración, exhale una porción de aire más prolongada. Para poder hacerlo no necesita tomar más aire, sino desalojar más a fondo los pulmones.
- Al terminar la contracción, realice varias respiraciones profundas para relajarse.

Técnicas de relajación

La relajación es el arte y la técnica de pasar de un estado de tensión a un aflojamiento que produce paz y alivio. Aprender a relajarse de manera adecuada le permitirá, en la etapa del embarazo, descansar mejor, estar de buen ánimo, sentirse más en armonía y contar con un mayor nivel de energía. Pero como si estos motivos no fueran suficientes, practicar técnicas de relajación durante los meses de embarazo hará que, llegado el momento del parto, éstas ya se encuentren incorporadas, con lo cual podrá ponerlas en práctica de manera casi automática. Y eso le será de una ayuda invalorable, ya que la ausencia (o la menor presencia posible) de tensión muscular y mental durante el parto, le permitirá estar más tranquila y calmada, ahorrar energías, reducir la sensación de fatiga y paliar los dolores y malestares.

Afortunadamente, en estos momentos y desde hace un par de décadas, las técnicas de relajación han tenido bastante difusión en Occidente a través de libros, cursos y hasta programas de televisión. Si usted se encuentra particularmente interesada en la cuestión, no deje de buscar material adicional a los que aquí ofrecemos.

Conscientización de la relajación (I)

Antes de comenzar cualquier programa de ejercicios de relajación, hay un paso previo que debe ser dado, pero que muchas veces se deja de lado: para que usted pueda pasar de la tensión a la relajación debe aprender a diferenciarlas, esto es, debe conscientizar su estado, saber en qué consiste la relajación, cómo se siente un miembro relajado a diferencia de otro tenso. Para ello:

- Acuéstese de espaldas y cierre los ojos.
- Tensione fuertemente una de sus piernas.
- Ténsela más.
- Tome conciencia de cómo se siente un miembro tensionado.
- Relaje la pierna.
- Relájela más hasta sentirla totalmente floja.
- Tome conciencia de cómo se siente un miembro relajado.
- Realice la misma secuencia con la otra pierna, con un brazo y luego con el otro, etc.

Concientización de la relajación (II)

El ejercicio anterior le habrá permitido tomar conciencia de cómo se siente una parte del cuerpo cuando se encuentra tensa. Ahora, será bueno que usted adquiera la costumbre de chequear su cuerpo varias veces al día, para ver qué zonas se encuentran tensas y poder relajarlas. Por ejemplo: quizás usted está viajando en un transporte público y al realizar el examen se da cuenta de que, sin necesidad alguna, tiene los hombros levantados; eso genera una tensión muy acentuada en los músculos trapecio que, tarde o temprano, suele terminar en dolores. O tal vez, al efectuar el chequeo en la noche antes de dormir, se percata de que aprieta sus dientes en lugar de relajarlos. O puede ser que se pille a sí misma frunciendo el entrecejo. Las posibilidades son muchas y sólo hemos mencionado tres de las más frecuentes. Pero lo importante es que usted ahora tiene conciencia de ellas, las puede testear y, por ende, relajar.

Ejercicio de relajación profunda

Las dos prácticas que acabamos de presentar serán un excelente comienzo para que usted empiece a relajar partes de su cuerpo. Pero el ejercicio que detallamos a continuación va más lejos: apunta a la relajación del cuerpo en su totalidad. Tenga en cuenta que para llevarlo a cabo deberá disponer de un mínimo de 15 minutos en un lugar que se encuentre a resguardo de cualquier tipo de interrupción. Si lo desea, podrá dejar el sitio a media luz, encender un sahumerio y colocar una música suave que sea de su agrado; todo ello podrá ayudar a relajarla y a hacer más placentera la sesión.

- Acuéstese en una posición que le resulte cómoda. Puede ser de espaldas, de lado o boca abajo. Pero tenga en cuenta que no es recomendable que esté acurrucada y que lo mejor será que tenga el cuerpo lo más extendido posible; eso facilitará la relajación y permitirá hacerla más profunda.
- Cierre los ojos sin forzarlos y practique 3 o 4 respiraciones profundas, tomando y exhalando el aire por la nariz.
- Normalice el ritmo de su respiración (siempre inhalando y exhalando por la nariz) y lleve su atención hacia los pies. Chequee si existe alguna rigidez en ellos y, después, perciba cómo se liberan de toda tensión.
- Luego suba mentalmente hasta los tobillos: sienta cómo están muy pesados y flojos.
- La sensación de relax asciende ahora lentamente desde los tobillos por sus pantorrillas y, a medida que lo hace, afloja todo músculo por donde pasa, de manera tal que la zona inferior de sus piernas queda completamente relajada.
- Acto seguido, focalice mentalmente sus rodillas. Concéntrese en la idea de que, por estar usted acostada, no hacen fuerza, no sostienen el peso del cuerpo y eso les permite estar relajadas y pegarse al piso.
- La distensión continúa su camino ascendente por sus muslos y llega a las ingles. Ahora, sus piernas completas están totalmente relajadas.
- Inspire profundamente varias veces (tal como lo hizo al comienzo del ejercicio) y disfrute de esa sensación de absoluta distensión en las piernas durante todo el tiempo que lo desee o crea necesario.
- Luego, focalice mentalmente su atención en los glúteos, el

perineo y los genitales. Es una instancia muy importante del ejercicio, ya que es precisamente el área que necesitará estar especialmente relajada durante el parto. Por ello, ahondaremos más en lo que usted puede hacer para relajar esta zona:

- Respire hondo y "envíe" el aire hacia esa área del cuerpo, al tiempo que chequea que no exista allí ningún foco de tensión.
- Déjese ir y abandónese mentalmente. Piense que, llegado el momento, su bebé descenderá por el canal de parto, sus tejidos se abrirán lentamente para darle paso y usted no ofrecerá resistencia muscular y se relajará permitiendo el nacimiento.
- Trabaje con la idea de una luz tibia y resplandeciente que ilumina la zona y la libera de tensiones al tiempo que la abre.

- Cuando sienta que el área de la pelvis se encuentra plenamente relajada, focalice mentalmente la parte inferior de la espalda. Perciba cómo se afloja, de qué manera resulta más pesada con cada respiración y se adhiere más al piso, como efecto de su propio peso.
- Deslice luego su foco de atención mental hacia su vientre, permitiéndole que se afloje y se libere de todo tipo de tensiones. Concéntrese en la idea de que su bebé flota allí y que un medio relajado hará su estancia más plena y agradable.
- Inspire muy profundamente y, al hacerlo, trace mentalmente una suerte de línea imaginaria alrededor de su cintura, línea que va liberando de tensiones todo punto que toca.
- Luego, focalícese en su caja torácica y perciba cómo al inspirar aire, se expande y, al exhalar, se encoge. Ese movimiento relaja su tórax. Respire de manera natural pero tomando conciencia de ello.
- La sensación de relax viaja luego a sus hombros que caen pesados.
- Acto seguido, haga lo mismo con su cuello. Todos los músculos de esa zona están pesados y distendidos porque no deben sostener la cabeza. El cuello cae, totalmente relajado.
- La ola de distensión comienza entonces a descender desde sus

hombros y relaja los brazos, luego los codos y pasa a las muñecas.

- Luego se instala en sus manos. Perciba cómo el dorso, la palma y los dedos pesan cada vez más. Si necesita corroborar esa sensación, intente levantar uno o ambos brazos y constate cuán pesados y relajados se encuentran.
- Tómese unos segundos y sienta cómo todo su cuerpo, desde el cuello hacia abajo, se encuentra en perfecto estado de relajación. Chequee si quedó algún foco de tensión y, si es así, elimínelo.
- Disfrute de esa sensación de plenitud y relajación corporal. Tome conciencia de ella y disfrútela todo el tiempo que desee o crea necesario. Luego, pasará a la etapa final del ejercicio.
- Cuando lo desee, focalícese mentalmente en el mentón, los labios y la mandíbula. Están sueltos, relajados, no hay tensión ni zonas rígidas en ellos. Su boca no está totalmente cerrada ni abierta sino en un estado intermedio, lo cual le permite una distensión total y una respiración natural, fácil y placentera.
- Pase ahora a los ojos y los párpados. Chequee que no esté haciendo fuerza para mantener sus ojos cerrados. Podrá ayudarla, el relajar los párpados y sentirlos pesados.
- Luego, concéntrese en la frente, el entrecejo y las sienes, y libere esa zona de toda tensión. Si debe ayudarse con una suave caricia o masaje, hágalo.
- Después, extienda la sensación de relajación hacia atrás pasando lentamente por todo el cuero cabelludo y finalizando en la nuca. Perciba el peso de la nuca y de toda su cabeza, que se encuentra absolutamente libre de tensiones.
- Focalícese en la sensación de que todo su cuerpo está ahora libre de tensiones y tómese todo el tiempo que desee o necesite para disfrutar de las sensaciones que eso le provoca: calma, bienestar, armonía. Cuando lo haga, visualice también la imagen de su pequeño hijo que, en su vientre, se encuentra en el mismo estado.
- Comience a mover suavemente las piernas y los brazos, agregue un leve giro hacia los costados, y cuando lo desee, incorpórese lentamente con el cuerpo.

CAPÍTULO 7

Esperando al bebé

El embarazo, además de ser un período de grandes cambios para su cuerpo y su emocionalidad, es un tiempo de planificación y concreción. En algunas ocasiones y de una forma un tanto cómica, los sueños y los planes que los padres tienen para ese ser cuya llegada al mundo se avecina, llegan hasta la carrera universitaria que elegirá y piensan, ya emocionados, en el trascendental momento de la graduación. No es cuestión de ser tan exagerados, pero sí de planificar y obrar en consecuencia durante los meses siguientes a la concepción. Por ejemplo, usted deberá hacerse de una serie de cosas, compradas o prestadas, para que su bebé tenga todo lo necesario al nacer. Asimismo, si se decide por un parto hospitalario deberá saber qué llevar al hospital y cuando tenerlo listo; de manera similar, si decide que dará a luz en su casa, ésta también deberá contar con ciertos objetos y estar preparada para hacer del momento del parto un momento seguro y con el menor número de inconvenientes posibles. El presente capítulo es una suerte de guía que le permitirá organizar mejor esas actividades que se realizan esperando al bebé.

Preparación del ajuar

Comprar la ropita del bebé es una de las tareas más gratificantes que enfrentan las futuras mamás. Es una actividad por demás placentera recorrer tiendas, ver modelos y escoger las que nos imaginamos le sentarán mejor al esperado hijo o hija. Cada nueva adquisición (sea un babero, un juguete o una mamadera) genera una emoción intensa.

En muchas ocasiones, el bebé suele heredar ropa de sus hermanos mayores, primos o de bebés de madres que optan por regalar la ropita que van dejando de usar sus hijos. La mamá primeriza es la que más dificultades encuentra en la preparación del ajuar ya que a la falta de experiencia de no saber exactamente qué y cuánta ropa necesita su hijo, se le suma que no cuenta con ropa de sus hijos anteriores.

A continuación presentamos una lista tentativa. Cada mamá la usará en la medida en que decida hacerlo y dependerá de sus posibilidades económicas el ampliarla o el restringirla.

La habitación del bebé:

- 1 moisés, cuna o cama: en general, el moisés sirve hasta los seis meses, la cuna por un tiempo un poco mayor y una cama acondicionada para un bebé tiene un mayor tiempo de uso.
- 1 colchón duro y firme con un forro impermeable para lo que se haya elegido (moisés, cuna o cama).
- 2 o 3 pares de sábanas, preferentemente ajustables, para lo que se haya elegido (moisés, cuna o cama).
- 1 almohada para recién nacido.
- 1 colchoneta plástica para el cambio de pañales.
- 1 manta de algodón.
- 1 velador.

Para llevar al bebé

- 1 cochecito de paseo.
- 1 asiento para auto.

Para alimentar al bebé

- 6 baberos.
- 1 sacaleche.
- 1 silla de comer.
- 1 vasito con pico.
- 1 cucharita pequeña.
- 2 o 3 mamaderas.

Para vestir al bebé

- 5 camisetas.
- 5 batitas.
- 5 bodies.
- 5 pares de medias de algodón.
- 2 ositos con los pies cubiertos.
- 2 conjuntos para dormir.
- 1 mantita gruesa o de lana.
- 1 mantita fina o de algodón.
- 1 gorrito.
- 2 saquitos o camperitas.

Para el aseo del bebé

- 2 o 3 toallas suaves.
- Una buena provisión de pañales descartables.
- Champú para bebé.
- Jabón para bebé o de glicerina neutro.
- Talco para bebé o fécula.
- 1 esponja suave.
- 1 bañera para bebé (para el baño).
- 1 palangana (para higienizarlo en los cambios de pañal).
- Hisopos.
- Aceite para bebé.
- Óleo calcáreo.
- Toallitas húmedas descartables.
- Cortauñas.

Cómo hacer de su casa un lugar seguro

Cuando prepare su casa para recibir al recién nacido deberá tener en cuenta ciertos cuidados para que el ambiente sea lo más saludable posible. Tenga en cuenta que:

- Es conveniente par la salud del bebé que el ambiente se halle libre de humo. Por lo tanto, si alguien de su familia fuma será importante que evite hacerlo en la casa desde, por lo menos, un mes antes del nacimiento.

- También, es importante que no haya moho proveniente de la humedad, ya que algunas especies resultan muy nocivas para el recién nacido. Para eso:
  - Limpie todas las áreas afectadas por la humedad antes de que el bebé llegue a la casa. Una buena medida es hacerlo combinando cuatro partes de agua con una de lavandina.
  - Deshágase de las alfombras mohosas y de cualquier objeto de papel o cartón con moho, aunque ya se haya secado.
  - Si puede, cambie las placas del cielorraso que tengan manchas oscuras.
- Evite los peligros del monóxido de carbono. Llame a un gasista matriculado para que inspeccione todos los artefactos que en su hogar funcionan a gas: calefón, cocina, estufa, etc.
- Si está pensando en realizar un trabajo de pintura –por ejemplo, para decorar la habitación del futuro integrante de la familia– considere hacer una prueba de plomo en la pintura que debe sacar de la pared (pregunte en el hospital de su zona cómo llevarla a cabo) y si encuentra rastros de este mineral tome las siguientes precauciones:
  - No intente retirar la pintura por su cuenta. Contrate para ello a alguien que conozca las precauciones de seguridad.
  - No se quede usted en la casa ni permita que sus hijos pequeños lo hagan hasta que se haya retirado la pintura y la limpieza haya concluido.
  - Pida a los trabajadores que limpien a fondo con un trapo mojado el polvo o la pintura descascarada de manera tal que las partículas no se esparzan por el aire.

Preparación de la habitación

Es sumamente importante que su bebé tenga un lugar exclusivo para su atención y descanso. Lo ideal será que sea su propia habitación, pero a veces eso no es posible y entonces se debe acondicionar otra área de la casa para que pueda cumplir con estas funciones. Cuando lo haga, tanto sea en el primer caso como en el segundo, es importante que tenga en cuenta algunas cuestiones:

- El sitio debe contar con una buena ventilación.
- Otro punto fundamental es que el piso sea de fácil limpieza y pueda mantener limpio por más tiempo. En este sentido, un piso de cerámica, mosaico o baldosa resulta más funcional que uno de madera y –sobre todo– que uno alfombrado ya que en él se desarrollan ácaros y se junta polvillo.
- Instalar un interruptor que permita reducir la intensidad de la luz sin apagarla puede ser una excelente idea.
- La temperatura ideal está entre los 15° y 20°. Tanto el frío pronunciado como el calor excesivo no son bien tolerados por los bebés, especialmente en los primeros meses de vida.

Qué llevar al hospital

Al igual que en el caso del ajuar del bebé, cada futura mamá, especialmente si no es primeriza, sabrá seguramente qué descartar o qué agregar a la lista que sugerimos a continuación, la cual es una guía de las cosas que puede necesitar durante la internación.

En primera instancia, su bolso deberá contener todos aquellos elementos básicos e imprescindibles para estar cómoda en la habitación. Ellos son:

- 1 camisón, camisa de noche o pijama para usted. Tenga en cuenta que las dos primeras opciones les resultarán las más cómodas porque facilitan los exámenes pelvianos. Si opta por un pijama, lo más probable es que finalmente, termine descartando la parte inferior.
- 1 pijama o conjunto deportivo para su pareja o para quien usted decida que la acompañará y que, en algún momento, querrá estar más cómodo.
- 1 bata y 1 par de chinelas para levantarse de la cama.
- 1 o 2 pares de medias gruesas, aún cuando sea pleno verano. Las primeras etapas del parto y el momento inmediatamente

posterior suelen caracterizarse por una sensación de frío bastante intensa.

- Elementos para el cabello: cepillo y peine (siempre) y hebillas en caso de tener el cabello largo. Si acostumbra a usarla, no olvide una gorra para ducha.
- Cepillo de dientes y dentífrico.
- 1 caja de pañuelos de papel para tener siempre a mano en la mesa de luz.
- 1 toalla de mano.
- Desodorante.
- Jabón.
- Colonia.
- Talco para masajes.
- Cosméticos para el arreglo personal.
- 1 corpiño para amamantar.
- 1 conjunto de ropa para regresar a su hogar que deberá ser de talle más pequeño que aquel con el que entró.

Por otro lado, no olvide hacerse de aquellos elementos que la ayudarán a distraerse: un buen libro, ejemplares de sus revistas predilectas, quizás una radio portátil con audífono, y, eventualmente, juegos para compartir con su pareja o acompañante. Llevar un reproductor de CD o un IPOD con una selección de su música predilecta, además de distraerla, podrá ayudarla a sentirse más cómoda y relajada.

Otros elementos a guardar en su bolso son:

- Su teléfono celular para estar comunicada. Recuerde actualizar su agenda con los números de todas aquellas personas a quienes querrá comunicar el nacimiento. Eso sí, considere que el aparato, si bien puede ser una suerte de bendición en el sentido de que permite una comunicación cómoda e inmediata, también puede llegar a resultar una molestia a la hora del descanso. No olvide que siempre tiene la opción de apagarlo.
- Un reloj con segundero o cronomómetro para controlar las contracciones.
- Abundante líquido para beber, que sea de su agrado. Por supuesto, el agua siempre estará disponible sea cual sea el lugar

de internación, pero tal vez usted prefiera, por ejemplo, el jugo de naranja.

Y, por supuesto, los elementos necesarios para el recién llegado:

- 1 provisión de pañales descartables.
- 1 juego de ropa de acuerdo a la estación.

Preparación para parto casero

Seguramente si esta es la opción que ha elegido, la partera o médico que la asistirán ya le habrán indicado de qué manera acondicionar el lugar y qué elementos necesita. No obstante, a continuación le presentamos una guía práctica:

- Realizar una limpieza a fondo y concienzudamente del lugar donde decida recibir a su hijo. Pero... ¡atención! de ninguna manera lo haga usted. Esa limpieza profunda debe hacerse lo más cerca posible de la fecha de parto y usted no podrá hacer grandes esfuerzos. Contratar a alguien para que la haga es una buena opción. Otra es que la efectúe su compañero o alguna otra persona cercana que se ofrezca a ayudarla.
- Preparar un área de trabajo cerca de la cama donde colocará todos los elementos necesarios (ver listado más abajo).
- Conseguir un colchón duro que le proporcione una superficie firme sobre la cual apoyarse. Parir sobre un colchón que se hunde con cada movimiento es muy incómodo y puede ocasionar inconvenientes.
- Proteger el colchón con un plástico.
- Higienizarse, preferentemente con un jabón antiséptico a fin de evitar infecciones, una vez rotas las membranas.
- También debe contar con los siguientes elementos:
  - 2 recipientes grandes (baldes, fuentones).
  - 1 bacinilla.
  - 1 pava.
  - Agua hervida en una jarra esterilizada.
  - Protectores para los pechos.

- Cepillo de uñas.
- Solución antiséptica.
- Jabón neutro sin perfume.
- Jabón antiséptico.
- Toallas.
- Mantas.
- Toallas sanitarias.
- Gasa esterilizada.

CAPÍTULO 8

La salud durante el embarazo

El embarazo no debe ser considerado como una enfermedad sino como un proceso natural que sucede a la mujer sexualmente madura, en el cual experimentará múltiples y hondas transformaciones en su organismo durante los nueve meses de gestación. Asimismo, será un momento en el que usted deberá otorgar al cuidado de su salud un lugar de preeminencia que tal vez no le daba antes, ya que ahora de eso dependerá su salud y su seguridad, así como la del pequeño ser que lleva en su seno.

En el presente capítulo hablaremos entonces de los distintos cuidados que debe tener en cuenta para que usted y su bebé se mantengan saludables y seguros a lo largo de las nueve lunas.

Molestias más usuales: cuáles son, por qué se producen y qué hacer con ellas

El embarazo produce una serie de cambios radicales tanto en el cuerpo como en los hábitos de la mujer. Entre ellos, el estiramiento de ciertos músculos, la modificación en la producción de hormonas, el flujo vaginal aumenta y el apetito que puede intensificarse y hasta cambios de gustos notablemente. Y si bien el organismo se adapta a ellos (recordemos que el embarazo es una función natural) lo cierto es que acusa recibo de tan grandes y variadas modificaciones y eso puede traducirse en malestares. Desde los típicos vómitos de los primeros meses hasta los calambres que suelen aparecer hacia el tercer trimestre, aquí ofrecemos un mini-diccionario con todos los síntomas que son una suerte de "efectos colaterales" de la preparación del cuerpo para gestar, albergar y dar a luz un bebé.

Acidez de estómago

En los primeros dos trimestres puede producirse esta molestia debido a que los músculos de entrada al estómago se relajan ante ciertos cambios hormonales propios del embarazo y eso hace que el jugo gástrico suba hasta el esófago generando acidez. En los últimos meses, la presión que ejerce el bebé sobre el estómago, puede hacer que el esfínter se abra y produzca la ascensión del jugo gástrico.

Esto puede minimizarse evitando las comidas pesadas o las que le provocan acidez, no acostarse inmediatamente luego de ingerir alimentos (espere un mínimo de dos horas) y tomando un vaso de leche tibia antes del reposo para neutralizar la acidez. También podrá tomar un antiácido, siempre y cuando esas ingestas sean recetadas y supervisadas por su médico de cabecera.

Antojos

Se conoce con ese nombre al deseo imperioso e ineludible de comer cierto o ciertos alimentos. La mitología popular suele asociarlos a la imagen de una mujer que, en medio de la noche, despierta a su marido para que le traiga helado, pero lo cierto es que se puede tener antojo de cualquier tipo de alimento: dulce, salado, picante, etc. La causa que los origina es, en rigor, desconocida pero las hipótesis al respecto es que estarían vinculados con los niveles de progesterona o con un nutriente que el cuerpo necesita en ese momento. Por ejemplo, si el cuerpo necesita sal, se produciría un antojo de jamón crudo. No hay "remedio" propiamente dicho, sino que basta con ingerir el alimento deseado. Si éste estuviera dentro de los que resultan inconvenientes para el período gestacional (ver capítulo 5) reemplácelo por uno parecido pero conveniente o, coma el alimento "prohibido" en la menor cantidad posible.

Calambres

Se trata de una molestia bastante común, especialmente a partir del sexto mes, aunque bien puede aparecer antes. Son dolores repentinos que suelen localizarse principalmente en piernas y pies, y su causa no ha sido claramente definida, aunque pareciera estar en los bajos niveles de magnesio o calcio en sangre. Cuando se producen, lo mejor es masajear enérgicamente la zona afectada. Para evitarlos, es bueno que no permanezca mucho tiempo de pie ni sentada y que realice una caminata diaria de unos 20 minutos o media hora. Por supuesto, si resultan excesivamente dolorosos o difíciles de aliviar, consulte a su médico.

Cansancio

La fatiga, la somnolencia, la necesidad de dormir mucho y los repentinos ataques de sueño son característicos del primer y el tercer trimestre de embarazo y su causa principal es el grandísimo esfuerzo que debe producir el cuerpo para gestar un bebé. Efectivamente, hacer un bebé es una tarea agotadora y el estado del cuerpo da cuenta de ello. ¿Qué hacer al respecto? Duerma todo lo que su organismo le requiera, evite toda tarea que le demande un desgaste físico excesivo, relaje su cuerpo y su mente tan a menudo como le sea posible y asegúrese junto con su médico de estar llevando una dieta adecuada: algunas veces, el exceso de cansancio también tiene su origen en la deficiencia de algún nutriente, tal como las proteínas o el hierro.

Congestión nasal

Pese a que no es un síntoma de los más comunes, no es raro que las embarazadas tengan la nariz tapada y, eventualmente, se produzca el sangrado de la misma. Eso se debe, a que la revolución hormonal que se genera durante la gestación produce, entre otras cosas, un aumento de la circulación y un ablandamiento de las membranas mucosas, lo cual provoca obstrucción del área, exceso de secreción nasal y, a veces, hemorragias repentinas. ¿Qué se puede hacer para evitarla o, minimizarla? Lubricar las ventanas de las fosas nasales con una gotita de vaselina líquida, evitar los ambientes secos, humedecer el aire de los lugares donde permanecerá mucho tiempo (su casa, su trabajo) colocando un recipiente con agua sobre alguna fuente de calor y, siempre bajo receta y supervisión médica, ingerir un suplemento de vitamina C para reforzar los vasos capilares de la nariz.

Dolor abdominal

Característico de los dos últimos trimestres de embarazo, se debe al estiramiento de los ligamentos y músculos que sostienen el útero. Por supuesto, si es muy pronunciado deberá consultar al médico. Si no lo es, intente paliarlo colocándose en una posición que le resulte cómoda y le produzca alivio, respire hondo e intente relajarse y, si le ayuda, colocar una bolsa de agua caliente en la zona para distender la musculatura.

Dolor de cabeza

Suele presentarse, de manera intermitente, a lo largo de todo el embarazo y sus causas son diversas. Puede deberse a lo cambios hormonales, originarse en la tensión o el estrés, ser consecuencia de la fatiga o aparecer como efecto de la necesidad del cuerpo de incorporar nutrientes. Para calmarlo evite lugares ruidosos y mal ventilados, descanse y duerma lo suficiente, y coma regularmente de modo tal de evitar aquellos malestares que se originan en el bajo nivel de azúcar en sangre.

Dolor de espalda

Se trata de una molestia general en la zona baja de la espalda –área lumbar- que, eventualmente, puede extenderse hacia los glúteos y la zona superior de los muslos. Se origina en el hecho de que los ligamentos de las articulaciones de la zona se ablandan y flexibilizan para permitir el desarrollo del bebé a lo que se suma el hecho de que el abdomen está cada vez más grande y, por lo tanto, esos ligamentos deban soportar más peso. Para aliviarlo, no trate de permanecer parada mucho tiempo, duerma sobre un colchón duro, no levante objetos pesados, use zapatos de taco bajo y ancho, y al estar sentada, evite cruzar las piernas.

Edema

Se lo reconoce por la hinchazón de las áreas afectadas, ya que se conoce con ese nombre a la acumulación de agua en los tejidos. Es uno de los síntomas más usuales del embarazo y se produce porque las hormonas generan retención de sodio en los riñones, y esto hace que el cuerpo no elimine la cantidad de líquido que debiera. Puede producirse en cualquier momento, pero es más característico de los últimos meses, cuando el embarazo ya se encuentra avanzado. Para minimizarlos: reduzca la ingesta de sal y de hidratos de carbono (ver capítulo 5) ya que son alimentos que ayudan a retener los líquidos en el organismo y, si el edema se produce, eleve la zona afectada sea manos o piernas, y manténgalas en esa posición hasta que la hinchazón ceda.

Estreñimiento (o constipación)

La dificultad (y, hasta la imposibilidad) de mover el intestino se debe a la consistencia de las heces. Se trata de una molestia muy común durante el embarazo se debe a que en ese período el tránsito dentro del intestino se hace más lento para que el cuerpo pueda sacar más provecho de los nutrientes y ese hecho predispone al estreñimiento. Con el correr de los meses, el tamaño del útero cada vez mayor, también puede impedir el normal desempeño de los intestinos. Sin embargo, que sea una molestia normal no significa que no deba atenderse especialmente, porque acentúa las hemorroides, que también son características del embarazo. Para evitarlo, absténgase de ingerir alimentos refinados, como las harinas y el arroz no integrales, y los quesos duros; incremente la cantidad de alimentos ricos en fibras (harinas integrales, salvado, verduras y frutas), tome abundante líquido y realice ejercicio físico de manera regular.

Flujo vaginal

La *leucorrea* (tal es su denominación científica) es un síntoma corriente del embarazo y mientras se mantenga blanco o incoloro, su consistencia sea homogénea y prácticamente carezca de olor, no debe ser síntoma de alarma. En cambio, si se torna amarillo o verdoso, tiene olor desagradable, cambia de consistencia o se acompaña de dolor, comezón o ardor se debe consultar al médico, ya que puede haber una infección originada por hongos o bacterias. Igualmente, aunque se mantenga dentro de los parámetros normales, algunas mujeres suelen encontrar molesto el eventual exceso de flujo durante el embarazo. Si usted está entre ellas, utilice ropa interior de algodón y preferentemente suelta, no use la lluvia del bidet ni jabón para asearse la zona genital y manténgala siempre limpia y seca, lavándose tantas veces como lo desee, pero siempre secándola bien.

Hemorroides

Las tan temidas hemorroides no son una dolencia exclusiva de las embarazadas, pero sí una de las más comunes en esta etapa de la vida femenina, especialmente en los dos últimos trimestres cuando la presión que el útero ejerce sobre la zona del recto es cada vez más acentuada. Esa fuerza hace que la sangre se acumule en la zona rectal y que las venas deban dilatarse para contenerla. Sus síntomas son picazón de la zona anal, molestias varias durante la evacuación, a veces un leve sangrado y, eventualmente, prolapsos por fuera del recto. Para tratarlas es fundamental evitar el estreñimiento (ver tópico anterior), dormir de costado, y no sobre la espalda, de modo de no hacer presión sobre las venas del recto si aparecen, aplicar una bolsa de hielo en la zona afectada para bajar la inflamación. Existen pomadas y ungüentos de aplicación local que generan alivio y propician la curación pero, mientras esté embarazada, sólo deberá usarlas bajo prescripción y supervisión médica.

Manchas parduscas

Conocido científicamente como *cloasma, melasma* o, más coloquialmente como *máscara del embarazo* tienen su origen en la reactivación de la melanina -pigmento de la piel- y en los cambios hormonales que se producen durante el período de gestación. Se manifiesta bajo la forma de manchas parduscas y de forma habitualmente irregular en las mejillas, la frente, las sienes y la boca. Eventualmente, también puede aparecer en la vulva, la zona anal y las areolas. En general, pueden presentarse hacia finales del primer trimestre, acentuarse a medida que el embarazo avanza para desaparecer después del parto. Nada se puede hacer para evitarlos, pero lo cierto es que la exposición al sol las acentúa, a veces, de manera notable.

Mareos

Es difícil definir o explicar en qué consiste un mareo, pero podríamos decir que se trata de una sensación repentina y pronunciada de debilidad que muchas veces es acompañada por la sensación de que todo alrededor da vueltas. Es también un síntoma muy común del embarazo y se debe a causas varias, de acuerdo al momento. En general, durante el primer trimestre suele originarse en el hecho de que las reservas sanguíneas resultan insuficientes para el sistema circulatorio que se expande con rapidez, mientras que, en los trimestres restantes, los mareos se originan en la presión del útero, que se apoya sobre los vasos sanguíneos. Eventualmente, puede preceder a un desmayo. Para prevenirlos, evite salir demasiado rápido de un baño caliente, especialmente si es de inmersión (aunque es mejor evitar este tipo de baños a temperaturas muy elevadas). Asimismo, no permanezca demasiado tiempo de pie, ya que eso hace que el retorno de la sangre desde las piernas a la cabeza y al corazón se ralentice y provoque debilidad. En caso de que el mareo se haga presente, siéntese con la cabeza entre las piernas y, cuando experimente alivio, tome una cucharada de miel o coma una fruta: a veces, el mareo es consecuencia del bajo nivel de azúcar en sangre.

Sensación de plenitud gástrica

La sensación de tener el estómago lleno –que puede producir reflujo de jugo gástrico– es casi inevitable en los últimos meses de embarazo. Tiene causas similares a la acidez de estómago y puede minimizarse principalmente comiendo a intervalos cortos, en lugar de comer abundante pocas veces al día, y evitando alimentos pesados, grasosos y que produzcan gases.

Várices

Las várices son venas expandidas que, al hacerse más grandes, pierden tonicidad. Durante el embarazo su aparición está vinculada al aumento del volumen de sangre que las venas deben transportar, así como también a la producción de ciertas hormonas que hacen posible la relajación del tejido muscular en las venas. Pueden producirse en cualquier momento de la gestación y sus síntomas son dolor y sensación de pesadez y/o cosquilleo en las piernas Para minimizarlos evite el sobrepeso ya que es un factor muy perjudicial para quien sufre de várices, no exponga sus piernas a una fuente de calor intensa, ya que eso facilita aún más la expansión de las venas, duerma con una almohada bajo sus pies, no use prendas ajustadas en piernas y pies, trate de no estar mucho tiempo parada y realice caminatas diarias.

Vómitos

Junto con las náuseas (que suelen precederlos) constituyen los síntomas más conocidos de embarazo. Asimismo, suelen ser los de aparición más temprana, alertando a la mujer de su nuevo estado, antes de que la falta de menstruación se haga presente. Son típicos del primer trimestre y es común que desaparezcan luego, cuando el desequilibrio hormonal tiende a estabilizarse. Lo más usual es que se produzcan durante la mañana o ante la presencia de ciertos estímulos, como el humo del cigarrillo o ciertos aromas u olores que, previamente a la gestación, no generaban rechazo alguno. Es difícil eliminarlos (especialmente en los tres primeros meses) pero se pueden tomar algunas medidas al respecto. Por ejemplo, cuando el estómago está vacío, los ácidos secretados no encuentran nada para digerir y esto provoca náuseas. Para evitarlas, realice una pequeña ingesta antes de levantarse (un trozo de queso, una fruta, unas galletitas) y, a lo largo del día, distribuya la comida de modo de comer antes de sentir hambre. Evite los movimientos bruscos. Por otra parte, siempre que se produzcan vómitos deberá tomar líquido para incorporar el que perdió. Oler limón es eficaz para generar alivio en estos casos.

Cuándo es necesario consultar al médico

Más allá de la visita mensual (o de la frecuencia que determine el profesional) si aparecen algunos de los síntomas que se detallan en el listado que ofrecemos a continuación, informe al médico sin dilación alguna para que éste determine cuáles son los pasos a seguir.

- Pérdida de sangre por vía vaginal y muy especialmente si va acompañada de dolor de abdomen o de espalda.
- Pérdida de sangre por los pezones o a través de la orina.
- Dolor abdominal intenso, tanto de la zona baja como de la región media o alta.
- Dolor intenso de cabeza, que persista por más de dos horas.
- Disturbios de la visión que se extiendan por más de dos horas.
- Incremento notable de la sed, especialmente si se acompaña de disminución o ausencia total de orina.
- Hinchazón de cara, ojos y/o manos, sobre todo si es pronunciada y, mucho más aún, si va acompañada de dificultades de visión.

- Dolor o ardor al orinar, especialmente si va acompañado de fiebre.
- Presencia de flujo vaginal amarillento o verdoso, con mal olor o de consistencia "arricotada".
- Aumento repentino y mayor de lo indicado en el peso, sobre todo si se acompaña de hinchazón de manos o cara, dolor de cabeza o perturbaciones de la visión.
- Ausencia de movimiento o actividad fetal.

Factores de riesgo y contaminación para tener en cuenta

El medio ambiente actual se encuentra contaminado por múltiples agentes y si usted está embarazada deberá tomar algunas precauciones básicas al respecto:

- *Lave bien a fondo verduras y frutas para asegurarse de que queden libres de pesticidas y de otro tipo de sustancias químicas altamente perjudiciales para la salud y, para la del bebé.*
- *Evite usar insecticidas y desodorantes en pastillas para inodoros, así como todas las sustancias que exhalen gases: removedores de pintura, limpiadores de hornos, pegamentos, etcétera.*
- *Evite la utilización de rayos X –radiografías– para cualquier tipo de diagnóstico. Ésta es una precaución importante durante toda la gestación pero especialmente durante el primer trimestre dado que la radiación interfiere en la división celular y en el desarrollo de los órganos. Seguramente, cuando usted le comunique al profesional que está embarazada, evitará las radiografías.*
- *No trabaje en zonas donde los niveles de radiación puedan ser altos.*

Exámenes prenatales

Los exámenes prenatales permiten ir controlando el embarazo y, de esa manera, asegurarse que tanto usted como su bebé están lo mejor posible. Algunos de ellos se consideran de rutina, y se efectúan cualquiera sea la circunstancia, mientras que otros sólo se realizan en determinados casos. Por supuesto, lo que detallamos y explicamos a continuación es sólo una guía informativa y deberá ser su médico quien determine e indique qué exámenes, pruebas o tests deba realizarse y en qué momento hacerlo.

Exámenes y controles prenatales de rutina

Una vez confirmado el embarazo se le realizará una serie de chequeos, exámenes y controles de rutina, que, no se realizan por presunción de que algo pueda estar mal, sino simplemente para obtener información necesaria y reasegurarse de que todo esté marchando bien. Ellos son:

Historia clínica pormenorizada

En caso de que no haya existido una consulta preconcepcional, en la primera consulta médica de su embarazo el médico confeccionará su historia clínica pormenorizada. Ésta incluye su historia clínica personal, la ginecológica, los antecedentes de salud familiares, notas acerca de su estilo de vida, etc. Se trata de un primer e imprescindible paso, una suerte de base a partir de la cual el facultativo tendrá una idea de cómo proceder durante su embarazo teniendo en cuenta todas esas características.

Análisis de sangre

Generalmente se lo realiza al principio del embarazo y suele repetirse durante el segundo y el tercer trimestre aunque, por supuesto, su médico podrá decidir realizar otros en caso de que lo considere necesario. Estos análisis permiten determinar el grupo y factor de la sangre materna para corroborar si existe o no compatibilidad con la sangre del bebé (Ver tópico "Incompatibilidad RH" en este mismo capítulo), detectar posibles casos de anemia, diabetes y/o sífilis, verificar el metabolismo de las proteínas y comprobar la presencia o no de anticuerpos a la rubéola, la toxoplasmosis, la hepatitis B, la mononucleosis y el mal de Chagas. También con su consentimiento y permiso previo, se solicitará una prueba de HIV (SIDA), para saber si usted es portadora asintomática del virus.

Análisis de orina

En general, se lo realiza con mayor asiduidad que el de sangre (aproximadamente una vez al mes) y permite ver si sus riñones están funcionando correctamente, detectar una posible diabetes, saber si existe una infección renal que amenace el embarazo y comprobar si se está alimentado adecuadamente o si, contrariamente, está teniendo una dieta insuficiente.

Palpado abdominal

Permite comprobar el tamaño y la posición del feto y la frecuencia con que se lo realiza queda a criterio de cada profesional.

Control de peso

El objetivo de esta práctica es que usted se mantenga dentro de los límites de peso convenientes a su estado de embarazo y estatura. Es tan importante que suba lo suficiente de peso como que no caiga en un sobrepeso que resultaría perjudicial. Su frecuencia depende del criterio del médico, aunque lo más usual es realizarlo en cada visita al profesional.

Hacia finales del primer trimestre del embarazo suele indicarse la primera ecografía, la cual permite confirmar la edad gestacional, estimar la fecha probable de parto, apreciar la actividad cardíaca del bebé en formación y detectar alguna posible anormalidad del feto. La segunda ecografía se lleva a cabo, aproximadamente y de acuerdo al criterio del profesional, entre la semana 20ª y 22ª, y muestra el desarrollo del bebé y la posición de la placenta. También es posible que en este segundo examen el médico ya esté en condiciones de distinguir el sexo de su bebé. La tercera y última ecografía se realiza generalmente en el octavo mes de embarazo para ver el crecimiento del bebé, la posición en que se encuentra y calcular su peso aproximado.

Es un procedimiento que dura alrededor de 15 minutos y durante el mismo, el médico unta el vientre con un gel y, luego, desliza sobre la superficie un transductor, que es una especie de cámara que permite visualizar en la pantalla lo que se encuentra en el interior del útero. Se trata de un procedimiento absolutamente indoloro y que no implica el menor riesgo para el bebé.

Exámenes prenatales especiales

Estos procedimientos se realizan cuando se presume que podría existir algún trastorno de tipo genético en el feto o alguna otra situación que podría afectar al pequeño en formación. Ya que de descubrirse algún problema, es posible que pueda realizarse un tratamiento médico para remediarlo. Y si eso no fuera posible, permite a los padres y médicos prepararse en forma adecuada al saber que se está esperando un niño con problemas.

Alfafetoproteína

La alfafetoproteína (AFP) es una proteína producida por el feto, y que es excretada en el torrente sanguíneo de la mujer embarazada.

Permite detectar anormalidades en el bebé o sugerir su probabilidad, ante lo cual deberán hacerse otros exámenes. Al medir esa proteína pueden aparecer indicios de que, por ejemplo, existe alguna anomalía en el desarrollo cerebral, hay algún defecto en el tubo neural (como, por ejemplo, la espina bífida) o de que el pequeño tiene el síndrome de Down. Se realiza a través de una muestra de sangre materna entre la 16ª y 20ª semana de gestación y es de riesgo cero para el bebé.

Control médico triple

El control médico triple, también conocido como *triple test* es un simple e inocuo análisis de sangre, que permite medir los niveles de AFP, de HCG y de estradiol plasmático en la sangre materna, todas ellas hormonas producidas por el feto que pasan durante el transcurso del embarazo al torrente sanguíneo de la mujer. Esta clase particular de control se realiza, por lo general, entre la 16ª y 18ª semana de embarazo, y los resultados de la misma están disponibles en el término de una semana. Al igual que la prueba anterior, permite conocer las posibilidades de que el feto tenga defectos en el tubo neural o síndrome de Down, pero al ser más fiable y precisa que la anterior, en la actualidad está comenzando a reemplazar a la prueba de AFP estándar. Al efectuarse sobre una muestra de sangre materna, no tiene ningún riesgo para el bebé.

Translucencia nucal

Este examen consiste en la medición, a través de un tipo de ecografía, de un pliegue que todos los fetos tienen en la nuca y que aumenta de medida en algunas enfermedades genéticas. En él, la ecografía se combina con un análisis de sangre materna de una serie de proteínas.

Tiene dos ventajas considerables: su precocidad (se realiza entre las semanas 11ª y 14ª) y su sensibilidad, que es muy alta, del 89 al 90%.

El hecho de ser un estudio precoz permite que, ante una probabilidad considerada alta para Síndrome de Down, pueda realizarse otro tipo de pruebas, ya de carácter más invasivo, para ver qué es lo que está sucediendo.

Amniocentesis

Contrariamente a los estudios mencionados y explicados hasta ahora, la amniocentesis o punción del líquido amniótico conlleva cierto riesgo, ya que si bien suele evolucionar de manera favorable, lo cierto es que aproximadamente un 2 % termina en amenaza de aborto. ¿Qué justifica correr tal peligro? Circunstancias en las que el riesgo genético es muy alto. Como por ejemplo:

- Si es mayor de 35 años.
- Si ya se ha tenido un hijo o si un pariente cercano hubiera sufrido algún defecto del tubo neural.
- Si tanto la mamá como el papá del futuro bebé fueran portadores de alguna clase particular de trastorno hereditario, hemofilia, etc.
- Si ya se hubiera dado a luz un hijo que padeciera alguna clase de trastorno cromosómico, como el síndrome de Down, u otro.
- Si usted fuera portadora de un trastorno genético vinculado al cromosoma X.
- Si se sospechara que el feto o la madre podrían estar sufriendo alguna clase de infección.

Para poder realizar este examen la futura mamá se recuesta sobre su espalda con el abdomen expuesto e higienizado con una solución antiséptica. En algunas ocasiones, se usa anestesia local. Con la ayuda del ultrasonido que permite localizar el feto y la placenta (de modo tal de reducir las posibilidades de que sufran algún pinchazo accidental) se introduce una aguja larga y hueca a través del abdomen hasta llegar al útero, a fin de poder extraer una pequeña cantidad de líquido amniótico.

Durante y después de haber realizado este procedimiento, se controlan los signos vitales y los latidos cardíacos, tanto de la mamá como del feto, con el objetivo de asegurarse de que ninguno de ellos estuviera experimentando alguna clase de complicación. Desde el comienzo hasta el final, el procedimiento completo no suele tomar más de 30 minutos.

El líquido obtenido se envía al laboratorio donde se cultivan las células y se informa posteriormente las características de los cromosomas del feto en formación. Además de ese examen cromosónico, la amniocentesis permite saber si existe algún tipo de sufrimiento fetal, algún trastorno metabólico o si la cantidad de oxígeno que le llega al bebé es la que necesita.

El porcentaje de fiabilidad que ofrece en cuanto al diagnóstico es del 99%.

Biopsia de vellosidades coriónicas

La biopsia de vellosidades coriónicas se realiza para determinar si el bebé está padeciendo alguna clase de trastorno cromosómico, tal como el síndrome de Down. Se efectúa entre las semanas 10 y 12. Suele indicarse en circunstancias de riesgo genético similares a las mencionadas en el caso de la amniocentesis y, al igual que ésta, conlleva una mínima posibilidad de amenaza de aborto, la cual también suele evolucionar de manera favorable en prácticamente todos los casos.

Para efectuar la biopsia se coloca una pequeña aguja o catéter a través del abdomen o de la vagina hasta acercarse al útero, donde se recoge una muestra de tejido llamado *vellosidad coriónica*, que son crecimientos con forma de dedos, genéticamente idénticos al feto.

Todo este procedimiento es monitoreado a través de ultrasonido para poder guiar la aguja o el catéter que se esté utilizando lejos del bebé y de la placenta.

Ingestión de fármacos y medicamentos

Cuando usted no estaba embarazada tomar una aspirina para paliar un dolor cabeza o un antigripal para minimizar los síntomas de una gripe, podían ser comunes. Con el embarazo, estos comportamientos tendrán que ser reconsiderados, ya que muchas drogas suelen afectar el desarrollo del feto, especialmente durante los primeros tres meses de gestación. Una consigna que puede tener es: "Ni una aspirina sin consultarlo antes con el médico". Para darle una somera idea de los riesgos a que podrían exponerse usted y su bebé con la ingestión de ciertos fármacos y medicamentos, le presentamos, a continuación, una breve lista de drogas de uso muy común y las consecuencias nocivas que podrían tener en el feto.

• Antihistamínicos

Utilizados básicamente para el tratamiento de alergias, suelen estar presentes en algunas preparaciones contra el mareo. Si bien no ha sido comprobado fehacientemente, es muy probable que aumenten el riesgo de malformaciones fetales.

• Aspirina

Este medicamento afecta la capacidad del cuerpo para coagular la sangre, por lo que prolonga el tiempo de cualquier hemorragia. La aspirina que pasa al feto prolonga también el tiempo de hemorragia para el recién nacido. Además, su uso continuado puede interferir en el inicio del trabajo de parto.

• Codeína

Se trata de un analgésico que suele estar presente en algunos jarabes contra la tos. Resulta adictiva para el feto y parece relacionarse con ciertas malformaciones, tales como el labio leporino y la fisura palatina.

• Ibuprofeno

Se trata de una sustancia que disminuye la fiebre, la inflamación y el dolor, y que suele formar parte de muchos antigripales. Interfiere en la producción de prostaglandina y, por ende, puede postergar el inicio del trabajo de parto.

• Paracetamol

Es un componente común de los analgésicos y puede afectar al feto produciéndole lesiones en los riñones o en el hígado.

Embarazos que requieren cuidados especiales

Más allá de la presencia de enfermedades crónicas que detallaremos más adelante, y que también requieren precauciones adicionales para que el embarazo llegue a buen término, existen otra serie de circunstancias que no son dolencias crónicas y que hacen que un embarazo sea algo más complicado de lo que suele ser uno "normal". Las listamos y explicamos a continuación.

Embarazo múltiple

Cuando hay más de un feto alojado en el útero hablamos entonces de un *embarazo múltiple*. Puede tratarse de mellizos, trillizos, etc.

En principio, se trata de una gestación que requiere mayor esfuerzo, ya que se está desarrollando más de una criatura. Asimismo, la presencia de más de un bebé produce una mayor presión sobre los ligamentos, las articulaciones y los órganos digestivos maternos. Un embarazo de este tipo, además, conlleva ciertos riesgos tales como alteración del crecimiento de alguno de los fetos, amenaza de parto prematuro y/o hipertensión. Se recomienda una dieta con más calorías, vitaminas y minerales que si se estuviera gestando un solo bebé, así como también más descanso.

Embarazo ectópico

El lugar indicado para que el óvulo fertilizado se implante es el interior del útero: es allí donde todo está "preparado" para cobijar y nutrir la gestación del bebé durante nueve meses. Pero a veces sucede que la naturaleza falla y la implantación no se produce en el útero, sino fuera de él, por ejemplo, en un ovario o en la pared de una de las trompas de Falopio. Esta anormalidad generalmente se produce porque existe algún tipo de inflamación o de obstáculo que impide el normal camino que debe seguir el huevo fecundado.

Su síntoma más común es un dolor agudo y repentino en la zona abdominal, a poco de empezado el embarazo acompañado de hemorragia vaginal y mareos. Eventualmente, también pueden producirse desmayos. En muy pocos casos un embarazo ectópico puede evolucionar de manera favorable y la práctica habitual ante esta lamentable circunstancia es extirpar el embrión alojado en el lugar inadecuado. A veces, también se hace necesario extirpar la trompa de Falopio de acuerdo al daño producido.

Preeclampsia

También conocida con el nombre de *toxemia*, se trata de un cuadro que se produce en algunos embarazos y que se caracteriza por hipertensión arterial, excesiva retención de líquidos que produce edemas, aumento notable y repentino de peso y pérdida de proteínas a través de la orina.

Ocurre después de la semana 20 de embarazo y a veces síntomas tales como dolor de cabeza y mareos advierten sobre su presencia. Cuando se produce, se deben realizar controles médicos de forma muy rigurosa y es posible que también se indique medicación. También es conveniente seguir una dieta con más proteínas.

Placenta previa

Se habla de *placenta previa* cuando ésta se ubica total o parcialmente arriba del cuello uterino en lugar de hacerlo en el sitio correcto que es la región superior o media del útero. Suele ser más común en mujeres que han superado los 35 años y/o han tenido varios hijos anteriormente. Aunque muchas veces resulta totalmente asintomática, su señal más usual es la pérdida de sangre por vía vaginal, hecho que generalmente tiene lugar a partir del séptimo mes de embarazo. Ante la aparición de este síntoma, se debe recurrir al médico a fin de que éste efectúe una ecografía para verificar la localización de la placenta. Si, efectivamente, el estudio confirma la ubicación anormal, la conducta a seguir dependerá de la intensidad de la hemorragia y de la edad gestacional de la mujer pero, en general, el tratamiento consiste en reposo, observación médica estricta de la madre y el bebé y en la programación de un parto por cesárea, ya que la placenta en esa ubicación puede resultar peligrosa durante un parto normal.

Cuello uterino incompetente

El cuello del útero debe permanecer cerrado a lo largo de todo el embarazo de modo tal de retener al feto dentro de la matriz. Cuando eso no sucede, se produce el denominado *cuello uterino incompetente.* En esos casos el cuello es débil, se dilata y, como consecuencia, se corre el riesgo de que se produzca un aborto espontáneo. Cuando es detectado a tiempo puede evitarse la pérdida del embarazo, procediendo a cerrar el cuello mediante una sutura que, hacia finales del embarazo se retira, para que comience el trabajo de parto.

Incompatibilidad RH

Las embarazadas que poseen factor sanguíneo RH negativo requieren de atención especial, sobre todo si su pareja tiene factor RH positivo. La razón reside en que si el pequeño hereda el RH paterno –o sea, es positivo– su presencia dentro del útero materno puede generar, a modo de reacción, la aparición de anticuerpos contra el RH, anticuerpos que podrían dañar al bebé en gestación. En la actualidad esto se puede controlar efectivamente si se conoce la situación. Generalmente, se utilizan inyecciones de inmunoglobulina y, eventualmente, una transfusión intrauterina.

Qué hacer ante las enfermedades crónicas

Si usted padece alguna enfermedad crónica tal como las que mencionamos abajo, es importante que se haga tres preguntas básicas, incluso antes de quedar embarazada. ¿Cómo puede afectar el embarazo mi enfermedad crónica? ¿Qué impacto tendrá éste sobre el embarazo? Y ¿qué puedo hacer para llevar el embarazo adelante?

Aquí respondemos los tres puntos en cada afección particular:

Asma

Cómo puede afectar a mi enfermedad crónica: no se puede predecir con certeza. Puede empeorar los síntomas o mejorarlos, o incluso, provocar su desaparición. Eventualmente, suele sentirse más fuerte durante el tercer trimestre y el parto.

Impacto sobre el embarazo: en el caso de un episodio verdaderamente severo pueden hacer que el nivel de oxígeno no sea suficiente para el bebé.

¿Qué hacer? A fin de evitar episodios severos, tomar la medicación correspondiente prescripta por el médico luego de conocer su estado de embarazo y tener siempre oxígeno a mano para poder subsanarlos en caso de que se produzcan.

Diabetes

Cómo puede afectar a mi enfermedad crónica: Suele incrementar los requerimientos de insulina.

Impacto sobre el embarazo: Es una enfermedad delicada y sus consecuencias deben ser muy tenidas en cuenta si se desea tener hijos ya que, eventualmente, puede producir malformaciones fetales o pérdida del embarazo.

¿Qué hacer? Trabajar estrictamente con el médico para mantenerla controlada, y tener muy en cuenta sus indicaciones. También consultar a un nutricionista para que le dé una dieta adecuada y hacer ejercicio físico con regularidad, siempre con permiso y supervisión médica.

Epilepsia

Cómo puede afectar a mi enfermedad crónica: Es poco predecible. En algunos casos los ataques decrecen, en otros permanecen constantes y a veces aumentan.

Impacto el embarazo: La enfermedad en sí, probablemente no tenga ninguna incidencia. Sin embargo, tendrá que tener cuidado con los efectos de los golpes que pueden producirse durante un ataque sobre el bebé en formación.

¿Qué hacer? En primera instancia, consultar al médico todas las dudas que tenga y seguir sus indicaciones, sin excepción. Asimismo, evitar las situaciones que predisponen a una crisis.

Hipertensión

Cómo puede afectar a mi enfermedad crónica: Puede predisponer a la denominada *preeclampsia*, un tipo de presión alta específica del período gestacional.

Impacto sobre el embarazo: Puede causar inconvenientes, tanto en usted como en el bebé. En el primero de los casos, pueden producirse problemas en órganos tales como riñón o hígado. Con relación al bebé puede, por ejemplo, ocasionar retraso en el crecimiento.

¿Qué hacer? Seguir las indicaciones del profesional, evitar el exceso de peso y la hiperactividad, hacer mucho reposo, ser absolutamente estricta en la prescindencia de alcohol y tabaco, y controlar frecuentemente la presión, en especial en el último trimestre y en el parto.

Hipertiroidismo

Cómo puede afectar a mi enfermedad crónica: No se puede asegurar. Puede generar tanto una mejora como un agravamiento de la condición.

Impacto sobre el embarazo: En general, no suele afectar la gestación, pero puede predisponer a un nacimiento antes de término.

¿Qué hacer? Seguir las indicaciones médicas.

La futura mamá con HIV / Sida

El virus de la inmunodeficiencia humana (HIV) y el síndrome de inmunodeficiencia adquirida (SIDA) son de las enfermedades más temidas en la actualidad. Una vez que el HIV entra en la sangre (ya sea por contagio a través de fluidos orgánicos, transfusión de sangre o agujas infectadas) afecta las células del sistema inmunológico y, como consecuencia, el cuerpo queda desprotegido ante el posible contagio de muchas enfermedades. Cuando una persona infectada por el HIV padece una o varias de esas dolencias, se considera que el SIDA se ha declarado.

¿Qué sucede cuando una mujer que tiene el virus en su cuerpo o la enfermedad ya declarada queda embarazada? La perspectiva para los bebés nacidos de madres seropositivas ha mejorado con los años y es tan deseable como probable que siga mejorando con el paso del tiempo, debido al esfuerzo investigativo que se está realizando. Actualmente, la administración de AZT oral (a la futura mamá y luego al recién nacido) puede proteger al bebé de adquirir la infección, así como también un parto por cesárea permite reducir el riesgo de que la sangre del bebé se contamine. Aunque no es verdaderamente indefectible que el bebé de una madre seropositiva sea también seropositivo y desarrolle SIDA, existe el riesgo de que el bebé nazca con los anticuerpos del HIV. Cuando eso sucede, normalmente son anticuerpos de la madre y no del bebé, y desaparecen en un período aproximado de 18 meses, lo cual se conoce como negativización.

Cómo puede afectar a mi enfermedad crónica: Si la enfermedad se hallaba en estado de latencia, esto es, si el virus del papiloma humano ya estaba en su cuerpo pero no se habían desarrollado síntomas (principalmente, verrugas en la zona vulvar, perineal y anal) es posible que la gestación haga que se desarrollen.

Impacto sobre el embarazo: En general, no tiene repercusiones negativas ni sobre el niño ni sobre la mujer gestante. Eso sí: si el virus ha ocasionado lesiones considerables en el canal de parto, el nacimiento se producirá por cesárea.

¿Qué hacer? Si aparecen verrugas o hinchazón en las zonas antes mencionadas informar de inmediato al médico. Asimismo, la presencia de verrugas en la zona genital, perineal o anal de la pareja también deberá ser notificada.

Síntomas de que el embarazo llega a su fin

El parto no se presenta de manera sorpresiva. Las contracciones, factor indicativo por excelencia de que el trabajo de parto ha comenzado, son fruto de un proceso que se incrementa durante las últimas semanas del embarazo y con el cual el cuerpo se prepara para el parto. Desde principios del tercer trimestre, usted ya habrá experimentado las contracciones de Braxton Hills (indoloras y producidas por la actividad del bebé dentro del útero) y en las últimas semanas de embarazo, otros síntomas le indicarán que la gestación ya está terminando. Estos son:

- Sus pechos producirán más calostro. Seguramente, usted ya viene produciéndolo desde el séptimo mes, pero ante la inminencia del parto, notará que se incrementa la cantidad.
- Asimismo, aumentarán las secreciones vaginales, lo cual hará que el tejido de la pared vaginal se vuelva más elástico. Eso es muy importante ya que significa que el canal de parto se torna más flexible y lo que facilitará la expulsión del bebé.

- Las contracciones, que se tornarán cada vez más frecuentes y acentuadas, ayudarán y propiciarán el necesario adelgazamiento del cuello del útero.
- El flujo vaginal puede volverse de color rosado oscuro, debido a que la dilatación del cuello uterino suele romper algunos capilares.
- Podría experimentar también un particular dolor de espalda, que aparece y desaparece, diferente al malestar postural que padecen la mayoría de las mujeres durante buena parte de su embarazo, y similar al que se siente antes de la aparición de la menstruación.
- Otro de los signos de que la gestación está llegando a su fin es la pérdida del tapón mucoso cervical que tenía como misión sellar el útero. Suele producirse entre un día o una semana antes del parto y usted podrá reconocerlo porque no se trata de una secreción vaginal de consistencia mucosa, sino de una suerte de gelatina color amarillo oscuro que generalmente está rodeada de estrías de sangre.

Síntomas de que el parto ha comenzado

Una vez que el tapón de moco cervical ha sido expulsado, la llegada del bebé es inminente. Tal como decíamos, podrá producirse al día siguiente o tardar a lo sumo una semana, pero no mucho más. Las otras dos señales inequívocas son la rotura de las membranas y las contracciones.

- La rotura de las membranas, conocida por la popular frase "romper la bolsa", es uno de los signos de la inminencia del parto. Efectivamente, las membranas que revisten el útero y que conforman la "bolsa" que aloja y permite el desarrollo del bebé se rompen para permitir su salida. El signo de que eso ha sucedido es la presencia de líquido amniótico deslizándose por las piernas.

- Finalmente, el síntoma más cierto e inequívoco de que el trabajo de parto ha comenzado son las contracciones uterinas. ¿Cómo reconocer las "verdaderas" contracciones que caracterizan al parto de aquellas otras que vienen produciéndose desde, aproximadamente, el séptimo mes de embarazo? Mientras estas últimas son prácticamente indoloras y el intervalo entre una y otra permanece igual (lo mismo que su intensidad) las contracciones que indican trabajo de parto son dolorosas, el tiempo entre una y otra se acorta gradualmente y se hacen cada vez más intensas.

Cuando esos síntomas se hacen presentes, ya no existen dudas: el parto ha comenzado.

CAPÍTULO 9

El parto

Finalmente, luego de meses de sueños, proyectos, ilusiones y temores, el esperado acontecimiento tiene lugar: su bebé llega al mundo.

Lo que se conoce como "parto" –es decir, la culminación del embarazo y el abandono del bebé del útero materno para salir hacia el mundo exterior– es un proceso que puede dividirse en varias etapas. Ellas son:

- **Preparto:** también conocido como *etapa de trabajo de parto* o *período de dilatación*, empieza con las contracciones progresivas que detallábamos al final del capítulo anterior y finaliza cuando el cuello uterino se dilata por completo, que es cuando, alcanza los 10 cm.
- **Período expulsivo:** es la fase que comúnmente se asocia con la idea de parto propiamente dicha. Comienza cuando el cuello del útero ha alcanzado su máxima dilatación y termina cuando el bebé está totalmente fuera del cuerpo materno.
- **Alumbramiento:** consiste en la expulsión de la placenta y de las membranas celulares.

El preparto

En algún momento hacia el final del embarazo (generalmente en los días anteriores o posteriores a la fecha tentativa o probable de parto) usted se dará cuenta de que el trabajo de parto ha comenzado. Es probable que no pueda determinar el momento exacto en que esto se produce, ya que se trata de un proceso que comienza de manera gradual y, en un principio, la mayoría de los síntomas son muy suaves. En general, se requiere un cierto período (que puede ir desde unas pocas horas a varios días) para que esos indicios resulten lo suficientemente claros para reconocer que, efectivamente, el trabajo de parto ha comenzado.

Sus indicios más frecuentes son los que mencionamos al final del capítulo anterior:

- Mayor producción de calostro.
- Aumento de secreciones vaginales.
- Incremento en la frecuencia de las contracciones de Braxton Hills.
- Presencia de flujo vaginal amarronado o rosado.
- Dolor de espalda intermitente.
- Pérdida del tapón mucoso.

Y finalmente:

- Rotura de membranas.
- Aparición de las contracciones de parto.

Algo importante a tener en cuenta es que en muchas ocasiones no se hacen presentes todos los síntomas y, sin embargo, el trabajo de parto ha comenzado.

Generalmente es hacia finales de esta etapa cuando se debe ir al hospital o clínica, o se deben aprontar los preparativos en caso de un parto domiciliario. A menos que usted haya recibido otras instrucciones por parte de su médico, lo usual es hospitalizarse cuando se rompen las membranas o cuando las contracciones se hacen verdaderamente muy fuertes y el tiempo entre una y otra se acorta progresivamente.

A su llegada al hospital o clínica la prepararán para el parto. Esta preparación suele constar de los siguientes pasos:

- Le preguntarán cuáles son los síntomas de preparto que ha experimentado: ¿ha expulsado el tapón mucoso?, ¿cada cuánto tiempo tiene contracciones?, ¿ha experimentado rotura de membranas?, etc.

- Deberá cambiar su ropa de calle por una bata de hospital.
- Será examinada por un médico que palpará su abdomen para comprobar en qué situación y posición se encuentra el bebé, escuchará los latidos fetales, tomará su presión sanguínea y le realizará sucesivos exámenes del cuello del útero a fin de comprobar cuando llega a su dilatación completa.
- Se le harán exámenes de orina y de sangre.

En la mayoría de los hospitales y clínicas existe una sala de preparto donde transcurre esta primera etapa y donde se realizan todos los controles necesarios para asegurarse de que tanto usted como su bebé se encuentran en perfectas condiciones.

Posiblemente, de acuerdo con lo que usted haya decidido en su plan de parto y a su situación y la de su bebé en ese momento, se le realizará un monitoreo fetal para conocer la frecuencia cardíaca del pequeño y la forma en que las contracciones influyen sobre ésta.

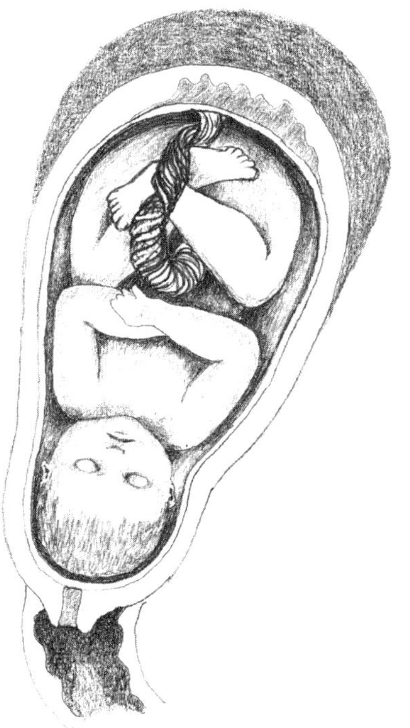

Posición del bebé en el comienzo del parto normal.

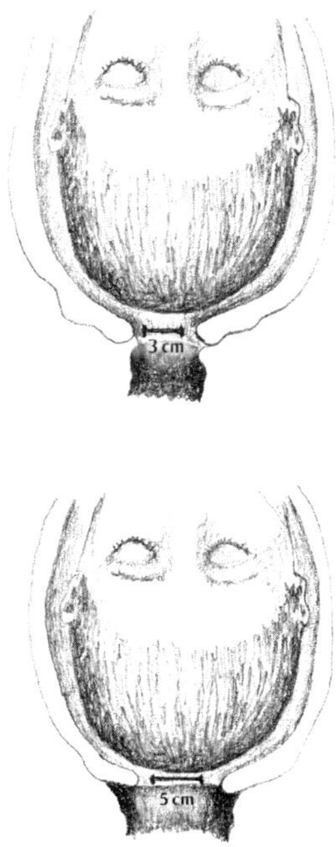

Distintos grados de dilatación (3 y 5 cm).

También es probable que la canalicen con suero, de manera tal de poder administrarle por esa vía toda la medicación que pueda necesitar durante el progreso del parto.

Parto domiciliario

Si usted ha elegido dar a luz en su domicilio y el trabajo de parto ha comenzado:

- Llame al profesional (médico o partera) que usted haya escogido para asistirla.
- Póngase cómoda. Para ello, podrá ayudarla cambiar de posición, colocarse una bolsa de hielo en la espalda, etc.
- Ponga en práctica las técnicas de respiración y relajación que ha aprendido en el curso de preparto o las que se detallan aquí en el capítulo 6.
- Permanezca acostada el menor tiempo posible. Se trata de una posición que tiende a retardar el progreso del parto y aumenta el dolor que provocan las contracciones.
- Beba mucho líquido, especialmente después de las contracciones.

Posiciones para el preparto avanzado

Las últimas horas de esta primera etapa suelen resultar bastante molestas, ya que los dolores aumentan a medida que el cuello uterino se dilata. Es posible que le cueste encontrar una posición que le alivie los dolores y le resulte cómoda, pero será importante que cambie de postura cada vez que lo sienta necesario para encontrar alivio que, ya que seguramente, le hará mucha falta.

A continuación, detallamos ventajas e inconvenientes de las diferentes posturas.

- **Caminando o de pie:** estas dos posturas tienen la ventaja de que aprovechan al máximo la fuerza de gravedad, lo cual acelera el trabajo de parto, calma el dolor de espalda, permite una buena alineación del bebé dentro del útero y hace que las contracciones sean menos dolorosas y más productivas. Sus desventajas residen en que resultan cansadoras si se las utiliza durante un período prolongado y en que pueden resultar sumamente dificultosas si ha sido anestesiada.

- **Sentada o semisentada:** estas posiciones también aprovechan las ventajas de la fuerza de gravedad –aunque en menor medida que las dos anteriores– con la ventaja nada desdeñable de que resultan muy descansadas y, por lo tanto, permiten ahorrar las fuerzas, necesarias para enfrentar el trabajo expulsivo. Además, posibilitan la realización de exámenes vaginales periódicos así como también el monitoreo fetal electrónico. Entre sus inconvenientes se encuentra el hecho de que pueden aumentar el dolor de espalda y que, si se permanece en ella durante mucho tiempo, puede hacer lento el trabajo de parto.
- **Acostada boca arriba:** se trata de una postura descansada para la mujer y muy conveniente para el personal médico, ya que facilita la revisación vaginal. Sin embargo, suele incrementar el dolor de espalda.
- **Acostada de lado:** posición con muchas ventajas: resulta descansada, ayuda a bajar la presión elevada de la sangre, y, si se la alterna con caminatas, impulsa el avance del trabajo de parto. Sin embargo, también tiene desventajas ya que puede interferir en el monitoreo fetal y, eventualmente, hace que las contracciones sean más largas y dolorosas.
- **En cuclillas:** saca ventaja de la gravedad, calma el dolor de espalda y puede facilitar la alineación y descenso del bebé en la pelvis. Sin embargo, suele hacer que las contracciones resulten más prolongadas y, al mismo tiempo, menos efectivas, además de dificultar los exámenes vaginales.
- **Sobre manos y rodillas:** ayuda a aliviar el dolor de espalda y la rotación del bebé y puede usarse cuando otras posiciones provocan una caída en la frecuencia cardíaca del feto, pero si se la mantiene por mucho tiempo sin alternarla con otra, es probable que se ralentice el avance del trabajo de parto.

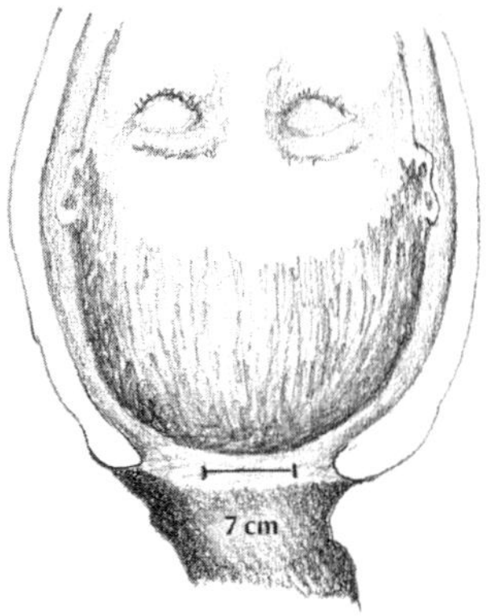

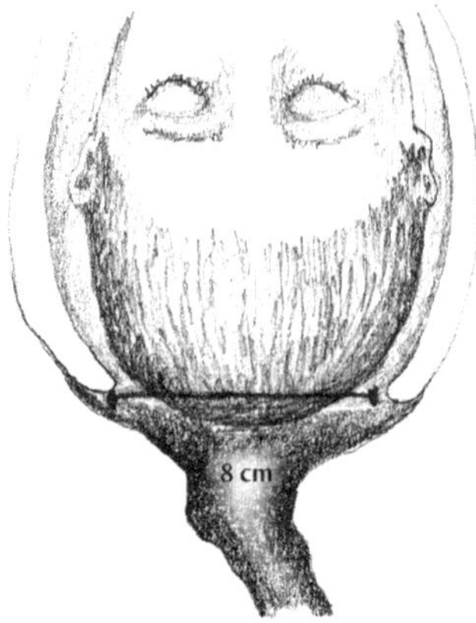

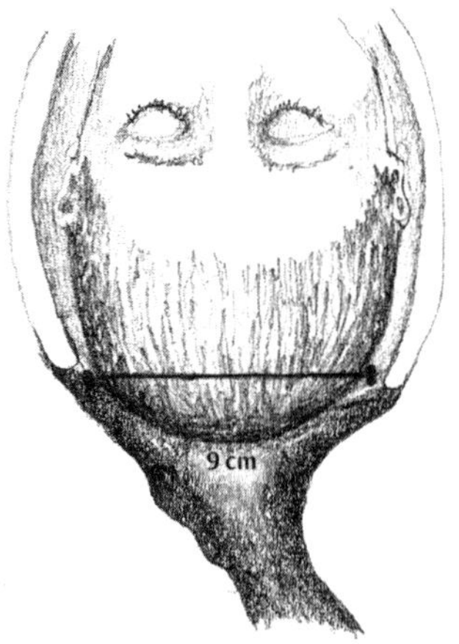

Posición del bebé según la dilatación del cuello uterino.

Cómo aliviar los dolores del parto: la anestesia obstétrica

Hay muchos factores de los que dependen el dolor y su intensidad a la hora del parto. La fuerza de las contracciones uterinas, la rigidez del cuello del útero, la fatiga física que el proceso provoca, el tamaño del bebé y la ansiedad y angustia por lo que está sucediendo y va a suceder son, sin duda, algunos de los más importantes.

Por la diferente manera en que estos factores se combinan es que nunca puede asegurarse (especialmente entre las primerizas) qué grado de sufrimiento físico implicará un parto. Algunas mujeres relatan casi no haber sentido dolor alguno; en el otro extremo, otras lo cuentan como un proceso de gran sufrimiento, mientras que un tercer grupo lo recuerda como una suerte de "trago amargo", por cierto, molesto y doloroso, pero de ninguna manera insoportable en su intensidad.

Existe una cantidad de métodos para que el parto, tanto en su etapa de dilatación como en su fase expulsiva, sea menos doloroso. Algunos de los más usuales son los siguientes:

Opciones farmacológicas

Ayudan a paliar el dolor del trabajo de parto y de la fase expulsiva. De acuerdo al fármaco escogido, se tendrá mayor o menor eficacia. Si bien son inocuos tanto para la madre como para el bebé, lo cierto es que todos presentan cierto riesgo de efectos secundarios (aunque leves) para ambos.

Anestesia general

No es la opción más deseable, ya que la parturienta se encuentra dormida y eso le imposibilita colaborar en el proceso a la vez que le impide ser consciente de uno de los acontecimientos más trascendentes de la vida. Sin embargo, en algunos casos resulta necesaria, por ejemplo, cuando hay que realizar una cesárea y la mujer sufre algún tipo de cardiopatía.

Bloqueo epidural

También conocido como *anestesia peridural,* constituye el método más efectivo y común para aliviar el dolor durante el parto. Para efectuarlo se administra una inyección en la parte inferior de la espalda para lo cual se procede de la siguiente manera:

- Antes de colocar la inyección, se lava la parte inferior de la espalda con un antiséptico.

- Una vez higienizada la zona, se aplica un anestésico local para dormir esa área.
- Con la mujer sentada o recostada de lado y con la espalda curvada hacia fuera se inserta la aguja y se pasa por ella un catéter (tubo pequeño y flexible). Se puede sentir un poco de presión mientras se inserta la aguja, pero no debería sentirse dolor alguno.
- Se retira la aguja y se deja el catéter insertado de manera de poder administrar más anestesia en la medida que lo necesite, sin tener que volver a colocarlo.
- Aunque todavía podrá sentir un poco de presión durante las contracciones, el dolor comienza a aliviarse entre los 5 y 15 minutos de comenzar a administrarse la dosis.

El bloqueo epidural adormece la parte inferior del cuerpo y bloquea el dolor de las contracciones al tiempo que le permite a la parturienta estar despierta y alerta. Una vez que surte efecto, la futura mamá no podrá caminar, pero sí pujar durante el parto. En general, no afecta al bebé y, si eventualmente lo hace, su efecto es leve.

Es necesario decir que la epidural tiene sus desventajas. Si bien no siempre se presentan, es necesario contemplar la idea de que se produzca:

- Descenso de la tensión arterial materna que temporalmente disminuye el ritmo cardíaco del bebé.
- Escozor, temblores o fiebre.
- Fuertes dolores de cabeza posteriores al parto que suelen durar varios días o, incluso, semanas.
- Problemas de respiración, mareos o convulsiones de la parturienta.

Además, con la epidural, el parto tiende a durar más tiempo porque desacelera las contracciones, por lo tanto es posible que se administre oxitocina por vía intravenosa para estimularlas. Asimismo, puede cambiar el curso del trabajo de parto haciendo necesario, en algunas ocasiones, algunos procedimientos médicos que no lo serían de no haberse administrado.

Bloqueo espinal

Al igual que con el método anterior, el bloqueo espinal se realiza con una inyección que se coloca en la espalda y anestesia la parte inferior del cuerpo. Se administra una sola vez y empieza a aliviar el dolor de manera casi inmediata, pero ese alivio dura menos tiempo que el generado por el bloqueo epidural, solamente 1 o 2 horas. Por esa razón, se usa principalmente cuando se necesita aliviar el dolor por un tiempo limitado, como por ejemplo en una cesárea. Los efectos secundarios son similares a los del bloqueo epidural y, en algunas ocasiones, ambos métodos se administran de manera simultánea.

Anestesia local

Este tipo de anestesia se administra por medio de una inyección en la zona donde se realizará la episiotomía con el objetivo de que el corte y la posterior sutura no provoquen dolor.

El período expulsivo

Se inicia con la dilatación completa del cuello uterino (10 cm.) y se considera finalizado cuando el bebé es expulsado completamente fuera del vientre uterino. Se trata de un proceso que dura alrededor de una hora en las primerizas, y entre 15 y 20 minutos a partir del segundo parto, y en el cual el bebé rota en el interior de la pelvis y desciende, impulsado por las contracciones, por el canal vaginal.

Quien la asista en el parto le indicará cómo ir utilizando su energía en esta etapa, pero seguramente lo mejor será que evite apresuramientos. Eso permitirá que su vagina se vaya abriendo lentamente, con lo cual disminuirán las posibilidades de que sufra desgarros o algún tipo de daño vaginal. Es importante poder contener el aliento y pujar hacia abajo sólo cuando la necesidad sea imperiosa.

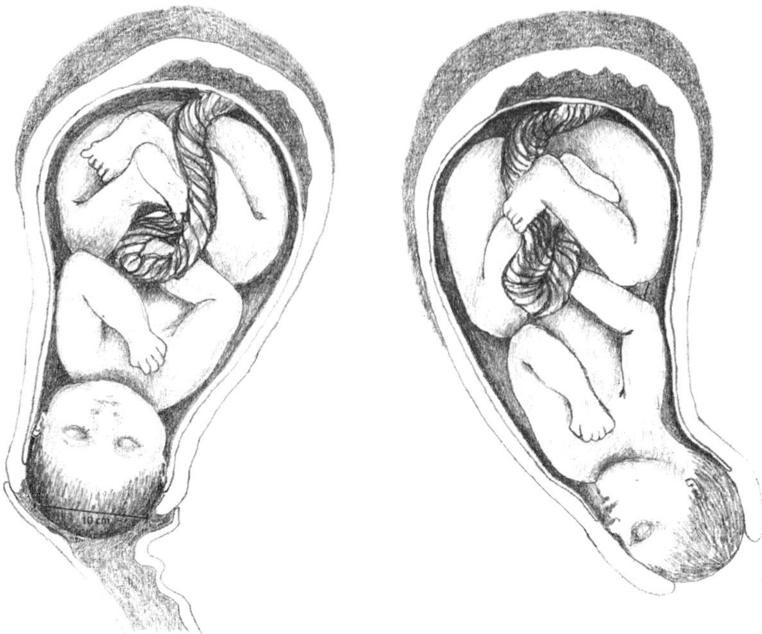

El cuello uterino se dilata en 10 cm. El bebé rota en el interior de la pelvis y desciende, impulsado por las contracciones, por el canal vaginal.

Indicios de que ha comenzado el período expulsivo

¿Cómo saber que ha finalizado el preparto y que ha comenzado la fase expulsiva? El indicio más significativo y que suele coincidir con la dilatación completa del cuello uterino, será la intensa e ineludible necesidad de pujar que experimentará. Esta urgencia (sumamente difícil de explicar en palabras) podría describirse como un deseo imperioso de contener el aliento y empujar hacia abajo combinado con sensaciones corporales potentes y acciones reflejas, todas ellas casi imposibles de controlar. Algunas mujeres describen este estado como una suerte de "unificación" y conexión de todas las sensaciones corporales y muchas sienten que todo su organismo colabora y hace posible los pujos.

Otro indicio es la sensación de alivio. La llegada de esta etapa disminuye el dolor, principalmente porque ha finalizado el proceso de dilatación del cuello uterino.

Eso le permitirá concentrarse en pujar para facilitar el descenso de su bebé.

Posiciones para la etapa expulsiva

Al igual que en el período de dilatación, usted podrá adoptar en esta segunda etapa, distintas posiciones y es bueno que conozca las ventajas y desventajas de cada una de ellas:

- **Semisentada**: resulta muy conveniente para quien atiende el parto, pero puede retardar el pasaje de la cabeza debajo del hueso púbico, como también restringir la libertad de movimiento del hueso sacro cuando se necesita más lugar en la pelvis.
- **Acostada de lado**: es favorable en caso de hipertensión arterial materna, aumenta las posibilidades de que el perineo permanezca intacto, reduce el dolor de espalda y ayuda a la relajación entre los pujos. Una de sus desventajas más importantes es que muchos profesionales no están familiarizados con ella. Además ralentiza el parto, lo cual se constituye en ventaja si éste venía desarrollándose de manera más rápida que lo deseable, pero es una notable desventaja en caso de que se necesite acelerar el trabajo expulsivo.
- **Sobre rodillas y manos**: permite reducir el dolor de espalda, ayuda a la rotación del bebé, aumenta las posibilidades de que el perineo no sufra daños y ayuda a la relajación entre pujos. Es desfavorable en caso de que se desee acelerar el parto, ya que tiende a ralentizarlo, y si se la mantiene por un período extenso, puede resultar agotadora.
- **Acostada boca arriba con las piernas hacia atrás y la cabeza levantada para pujar**: en esta postura las piernas se encuentran en una posición que ensancha la salida pélvica, con lo cual favorecen la expulsión; otra ventaja adicional es que la mayo-

ría de los profesionales que asisten el parto se hayan muy familiarizados con ella, por lo cual se manejan con mucha comodidad. Entre sus desventajas se encuentra el hecho de que suele ser muy cansadora si se la mantiene durante un tiempo prolongado y suele contrarrestar la fuerza de gravedad.

- **En cuclillas:** esta posición ensancha la salida pélvica y saca ventaja de la fuerza de gravedad. Como desventajas, dificulta el trabajo del profesional que asiste el parto, resulta difícil de mantener en una cama común y, sobre todo, puede provocar una expulsión demasiado rápida y desgarrar el perineo.
- **Sentada en silla de parto o similar:** postura que permite aprovechar la fuerza de gravedad y ayuda a relajar el perineo debido al potente empuje hacia abajo, pero dificulta la labor de quien asiste el parto.

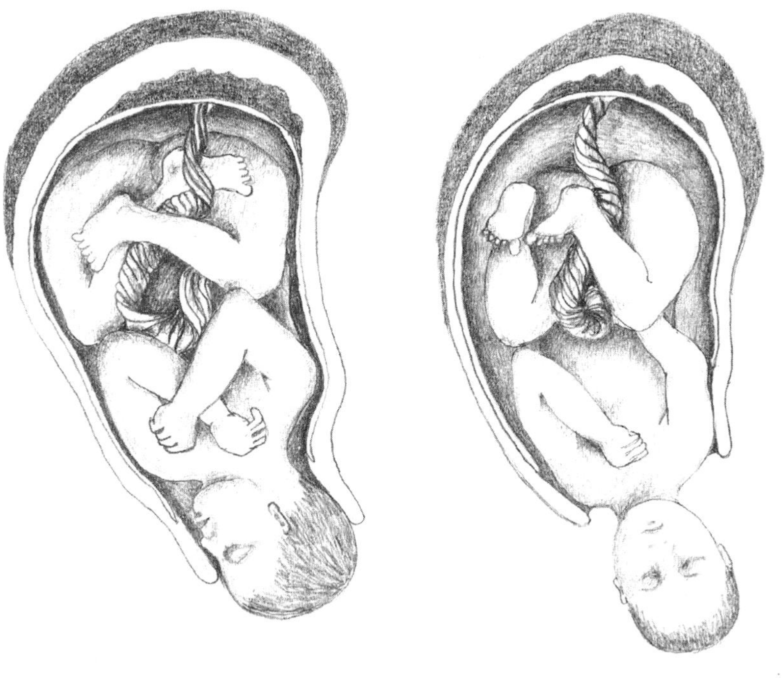

La cabeza del bebé está emergiendo. En un par de contracciones más habrá salido por completo.

Es posible que en la etapa expulsiva sea necesario efectuarle una *episiotomía*, esto es, una incisión quirúrgica realizada en el perineo para agrandar la apertura vaginal justo en el momento en que nace el bebé. Cuando no se la hace de manera meramente rutinaria, existen varias circunstancias que la justifican. Ellas son:

- La cabeza del bebé resulta demasiado grande para la abertura vaginal.
- Hay sufrimiento fetal y es necesario apurar la expulsión.
- El perineo no se ha distendido lo suficiente.
- El bebé se presenta de nalgas.

Para realizarla, se aplica anestesia local y se efectúa el corte. Finalizado el alumbramiento, se procede a suturarla para lo cual puede ser necesario aplicar más anestesia.

La episiotomía: motivo de controversias

Si bien la episiotomía es un procedimiento quirúrgico menor, lo cierto es que desde hace tiempo está en discusión, básicamente porque a partir de los años 50 comenzó a utilizarse de manera preventiva e indiscriminada. Esto es, se realizaba en todos los partos por vía vaginal como medida profiláctica a fin de evitar desgarros del perineo y, muchas veces, no era realmente necesaria. Pero una vez que se evitaron las episiotomías supuestamente innecesarias, la discusión se instaló en otro eje que es donde se encuentra actualmente: mientras buena parte de los médicos sostiene que es de gran ayuda para evitar desgarros perineales, otro grupo de profesionales de la salud argumenta que los inconvenientes de un desgarro de perineo son menores que los que ocasiona una episiotomía.

El primer grupo, además, considera que la incisión quirúrgica es más fácil de suturar que un desgarro espontáneo, que previene lesiones en los músculos del perineo y la vagina y que, además, acorta el período expulsivo, lo cual es particularmente ventajoso en casos de sufrimiento fetal o agotamiento materno. El grupo de profesionales contrario a la realización de la episiotomía aduce que es un procedimiento antinatural, en la mayoría de los casos innecesario y aseguran que la incisión es mucho mayor que un desgarro espontáneo, que aumenta el dolor del posparto y el de las relaciones sexuales en los primeros meses del puerperio. ¿Quién tiene la razón? Aún no es posible decirlo. Pero precisamente por ello, será fundamental que usted conozca qué postura tiene su médico al respecto para comprobar que esté de acuerdo con la suya.

El alumbramiento

Una vez nacido el bebé, el útero descansa unos minutos, luego de lo cual se produce el alumbramiento, que consiste en la expulsión –también vía vaginal– de la placenta y de las membranas. Se trata de materia blanda y de tamaño reducido, con lo cual resulta de mucha más fácil expulsión que el bebé. Usted podrá ayudar a su salida efectuando un nuevo pujo, intenso y prolongado.

Excepcionalmente se debe recurrir al llamado "alumbramiento manual", que consiste en la extracción de la placenta introduciendo la mano dentro de la cavidad uterina. Se trata de una maniobra que sólo puede ser ejecutada con extremas medidas de asepsia y, en caso de ser necesaria y de que el parto haya sido domiciliario, deberá trasladarse a la parturienta a un hospital o clínica para realizarlo.

Una vez evacuada la placenta y las membranas, la primera deberá ser examinada para comprobar que ha sido expulsada completamente ya que si parte de ella hubiera sido retenida en el útero, podría causar hemorragias posteriores o infecciones severas.

Partos especiales

Cesárea

La cesárea es una operación quirúrgica que dura aproximadamente 45 minutos y que, en ocasiones, puede salvar la vida de la madre y la del bebé cuando ocurren ciertos problemas antes o durante el parto. Puede ser programada –en esos casos se sabe con antelación que deberá efectuarse y se elige junto al médico el momento– o de emergencia –cuando el trabajo de parto ya ha comenzado y se hace imprescindible que el bebé nazca rápido–. ¿Qué circunstancias especiales aumentan la posibilidad de realización de una cesárea? Las enumeramos:

- **Inconvenientes con el cordón umbilical**, tales como quedar aprisionado o comprimido.
- **Problemas de placenta**, por ejemplo, la placenta previa –cuando tapa el cuello uterino, y bloquea la salida del bebé– o el desprendimiento de la placenta de la pared uterina.
- **Estructura pélvica anormal** en la madre, ya sea porque nació con ese defecto o porque sufrió una lesión grave en esa zona.
- **Desproporción cefalopélvica**, esto es, cuando la cabeza del bebé es más grande que la cavidad pélvica.
- **Problemas médicos de gravedad de la embarazada**, especialmente ciertas enfermedades crónicas como hipertensión o diabetes, por los que el parto no sería seguro ni para la madre ni para el bebé.
- Asimismo, en caso de una **infección vaginal grave** deberá efectuarse una cesárea con el objetivo de evitar que el bebé atraviese la zona infectada.
- **Falta de avance en el parto**, ya sea por ausencia de dilatación del cuello uterino, lo que impide el comienzo o estancamiento del proceso de expulsión, como por ejemplo, cuando a pesar de los pujos, el descenso de la cabeza se detiene.
- **Presentación del bebé de nalgas o de hombros**, posiciones no deseables que generalmente requieren de una cesárea.
- **Embarazo múltiple.** Si bien los partos de de mellizos o trillizos pueden producirse perfectamente mediante vía vaginal, lo

cierto es que cuando hay más de un bebé las posibilidades de que sea necesaria esta intervención aumentan.

- **Sufrimiento fetal agudo**. Algunas veces el bebé puede mostrar signos de sufrimiento (por ejemplo, porque no logra adaptarse a las contracciones) y, en esos casos, lo mejor es acelerar el proceso para evitarlo.
- **Enfermedad fetal**. Los bebés a los que se diagnostica en forma prenatal ciertas condiciones médicas, como la espina bífida (un defecto de nacimiento que afecta a la columna vertebral y algunas veces a la médula espinal) pueden hacer necesaria el nacimiento por cesárea.
- **Cesáreas anteriores:** luego de una cesárea puede intentarse un parto por vía vaginal, pero si se ha tenido más de dos no es recomendable.

La presencia de cualquiera de las condiciones que acabamos del listar no significa necesariamente que deberá realizarse una cesárea, pero sí aumenta las probabilidades de que así sea.

El procedimiento, que en general se lleva a cabo en quirófanos especializados, es el siguiente:

- Antes de la intervención se procede al rasurado y lavado.
- Luego, se aplica la anestesia. En general, se opta por el bloqueo epidural o espinal, lo cual implica que la madre estará despierta y consciente cuando nazca su bebé, pero sentirá anestesiada la parte inferior de su cuerpo. Eventualmente, se opta por la anestesia general, lo cual sucede generalmente en las cesáreas de urgencia.
- Se coloca un catéter en la vejiga para drenar la orina durante la cirugía y se inserta una aguja en una vena de la mano o brazo para suministrar suero durante la operación y medicamentos en caso de que sean necesarios.
- Una vez que la paciente esté anestesiada o dormida, el médico realizará la primera incisión que, en general, es horizontal y se realiza por encima del hueso púbico. Según la posición del bebé o de la placenta, a veces se necesita un corte vertical. La segunda incisión se realiza en la pared del útero. Luego, el médico

abre el saco amniótico y extrae de él al bebé, lo cual podrá hacer solamente con las manos o con la ayuda de fórceps. En esta instancia es posible que sienta tirones y algo de presión.

- Luego, el profesional separará y retirará la placenta. A continuación, cerrará las incisiones realizadas en el útero y en el abdomen.

¿PUEDO HACER ALGO PARA EVITAR UNA CESÁREA?

Probablemente, usted se ha hecho esta pregunta antes de quedar embarazada, en algún momento del embarazo o al leer las líneas precedentes. La respuesta es: usted no puede hacer nada para evitarla en caso de que sea necesaria, pero sí puede hacer mucho para que no lo sea. Teniendo en cuenta que la mayoría de las cesáreas son inesperadas, es poco probable que haya algo especial que usted pueda hacer para tener la certeza absoluta de que no será menester realizar una cesárea. Lo que sí puede hacer es cuidarse bien durante el embarazo de manera tal de ayudar a evitarla. A continuación citaremos algunas precauciones que puede tomar:

- *Obtenga cuidados prenatales desde el comienzo del embarazo. Eso hará que esté atenta a cualquier señal que pudiera indicar un problema, de modo de poder alertar a su médico de inmediato.*
- *Cuando elija al médico primero, y luego, la clínica u hospital, consulte cuál es el índice de cesáreas que cada uno tiene. Lo ideal es que éste no supere el 15 %. Hay médicos que son más proclives que otros a realizar este tipo de intervenciones y otro tanto sucede con las políticas de las instituciones médicas.*
- *Manténgase en buen estado físico y lleve un estilo de vida sano durante el embarazo. Especialmente controle que el aumento de peso se desarrolle dentro de paráme-*

tros normales y esperables para cada etapa del embarazo. El aumento excesivo de peso puede incrementar el tamaño del bebé y, por lo tanto, hacer que el parto vaginal sea más difícil.

- *Al comienzo del parto, beba mucho líquido, orine y movilícese todo lo que pueda: camine por la habitación, cambie de posición, etc.*

Fórceps

Se conoce con este nombre a unos instrumentos quirúrgicos en forma de grandes pinzas diseñados para tomar y sostener los costados de la cabeza del bebé y acompañar sus movimientos, de manera tal de permitirle completar su descenso por el canal de parto en las ocasiones en que ese tránsito no pueda hacerse de manera espontánea.

De decidirse su aplicación siempre se hace una vez que ha finalizado el período de dilatación, o sea, cuando el cuello del útero ya ha alcanzado su máxima apertura de 10 cm. Al igual que en el caso de la cesárea, existe una serie de circunstancias que ameritan el uso de este instrumento auxiliar. Ellas son:

- Cuando la madre carece de fuerza suficiente para empujar al bebé.
- Cuando el útero falla en mantener las contracciones.
- Cuando la cabeza del bebé ya descendió hacia la parte superior del canal del parto pero no puede continuar haciéndolo hasta salir por completo del cuerpo materno.
- Cuando el bebé no termina de rotar y descender por el canal de parto.
- En partos de nalgas cuando, luego de extraer el cuerpo del bebé, hay dificultades para continuar con el parto.

El procedimiento es el siguiente:

- Se acuesta a la embarazada parturienta con los pies sobre los estribos.

- Se coloca anestesia local en el perineo o, eventualmente, bloqueo epidural.
- Se introducen en el canal de parto los fórceps de a uno por vez.
- Se rodea la cabecita del bebé con los fórceps, en la zona temporal, articulándolos de manera tal que permitan extraer el cuerpo.
- Se realiza un suave tirón que dura aproximadamente un minuto para hacer que la cabeza del bebé llegue hasta el perineo.
- Cuando sale la cabeza del bebé, se retiran los fórceps y el resto del parto continúa normalmente.

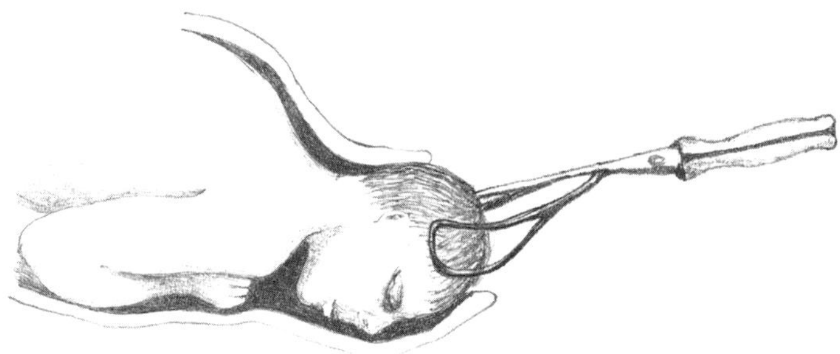

Extracción por vacío

También conocido como *extracción con ventosa* o *ventosa extractora*, permite succionar al bebé mediante una copa de metal o de goma que se aplica sobre su cabeza. Se emplea cuando se produce un retraso en el período expulsivo pero, a pesar de ello, se prevé un parto fácil.

El procedimiento es el siguiente:

- Se inserta en la vagina un dispositivo metálico o de caucho que está conectado a un aparato de vacío y se lo aplica a la cabeza del niño.

- Durante las contracciones el profesional tira de una manija y eso ayuda al descenso del bebé.

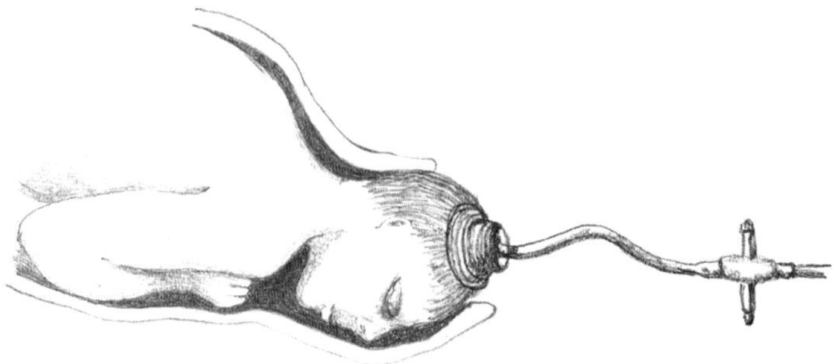

CAPÍTULO 10

El posparto

Se conoce con el nombre de posparto a las primeras seis u ocho semanas que siguen al nacimiento. Es una época donde priman los cambios y cada persona que conforma el núcleo familiar (sobre todo la madre, pero también el padre y los hermanos, en caso de existir) deberá hacer gala de su capacidad de adaptación.

En este período, usted experimentará numerosos cambios (tanto en lo físico como en lo emocional), y su pequeño hijo también ya que deberá adaptarse a vivir fuera del seno materno, a alimentarse y ser sometido al regular cambio de pañales, mientras que los otros miembros de la familia que comparten la vivienda, deberán incorporar y aceptar un nuevo integrante, con todo lo que ello implica.

Si bien cada familia vivirá eso de una manera distinta (y hasta es posible que un mismo núcleo familiar responda de manera diferente ante distintos pospartos) cuánto más se conozca al respecto de ese período y cuánto más se prevea y se organice, menos dificultoso resultará el hecho de atravesar esta etapa, por cierto, no del todo fácil.

El posparto inmediato

La rutina de cuidado del posparto inmediato, en caso de que usted se encuentre hospitalizada (ya que podría haber optado por un parto domiciliario) dependerá de varios factores: si el parto ha sido por vía vaginal o por cesárea, la rutina propia de la institución en la que se encuentra, su propia condición física y la de su bebé. Teniendo en cuenta todos estos factores, su duración puede ser desde medio día hasta cuatro, pero el promedio es de entre uno y tres días.

Eso sí: siempre antes de dar de alta a una madre reciente (sea cual sea el tiempo para hacerlo) se toman las siguientes precauciones y se realizan los controles que se detallan a continuación.

- Una vez finalizado el parto, se le tomará la temperatura, el pulso y la presión arterial. Lo más probable es que estos exámenes se repitan varias veces durante las primeras 24 horas.
- Asimismo, el médico le realizará un examen que incluirá un chequeo uterino (para ver que éste esté regresando normalmente al tamaño anterior al embarazo) control de la sutura de la episiotomía (en caso de que se le haya efectuado) y revisación de mamas.
- Se le aplicarán bolsas de hielo en las zonas inflamadas y se le suministrarán calmantes, en caso de ser necesarios.
- Se examinarán los *loquios* (pérdida vaginal producida cuando el útero se contrae y vuelve a su tamaño normal) para comprobar que se encuentran dentro de la normalidad.
- En caso de no haberlo hecho durante el embarazo, se le suministrará la vacuna contra la rubéola.
- Se le examinarán las piernas para comprobar que no sufran ningún trastorno circulatorio de importancia.
- Si ha habido una cesárea, se le realizará un examen de la incisión y de las suturas no absorbibles, que se retirarán entre los 7 y 10 días.

Su cuerpo en el posparto

Durante 40 semanas su organismo fue haciendo numerosos e importantes cambios para poder gestar, alimentar y dar a luz a un bebé. Luego del parto se produce el proceso inverso y, algunas veces, esas modificaciones resultan molestas.

A continuación, presentamos una lista de las transformaciones, síntomas y signos que tendrán lugar, la causa que las originan y la manera de minimizar las molestias que podrían ocasionarle.

Abdomen

Luego del embarazo y del parto, los músculos de esta zona se aflojan y tardan alrededor de 2 meses en recuperar el tono anterior al embarazo. Existen varios tipos de ejercicios físicos que podrán ayudarla al respecto, pero deberá ser su médico el que le indique cuáles y cuándo realizarlos.

Cansancio

Posiblemente usted se encontrará muy cansada en las primeras semanas posteriores al parto. Las principales razones de esto son que su cuerpo está haciendo un gran trabajo para volver a su estado y forma anterior al embarazo y que usted aún no se ha recuperado del inmenso esfuerzo que impuso el parto. A todo ello, se le suma la fatiga de cuidar al bebé durante las primeras semanas, siguiendo el ritmo de sueño que el bebé tiene y que dista mucho de su deseo de cerrar los ojos y dormir diez o doce horas seguidas. ¿Qué hacer ante ese panorama?

- Ajústese a los ritmos de sueño del bebé que son distintos a los de una persona adulta. Eso implica, básicamente, lo siguiente: cada vez que el bebé duerma, haga usted lo mismo.
- Ahorre energía evitando todo el esfuerzo que pueda: no suba escaleras, no cargue pesos, etc.
- Haga todo lo posible por pedir o contratar ayuda para realizar las tareas hogareñas.
- Siga una dieta nutritiva y saludable. Recuerde: base su alimentación en frutas frescas, verduras, huevos, cereales, carnes magras, pescado y lácteos descremados.

Entuertos

Se conoce con este nombre a las contracciones que realiza el útero para volver al tamaño anterior al embarazo durante la primera semana posterior al parto. Luego, el útero sigue regresando a su tamaño normal –lo que se denomina *involución*– pero lo hace de manera más gradual.

Suelen ser más o menos dolorosos, (pero, por supuesto, no tanto como las contracciones que provocan la dilatación durante el parto) se acentúan durante la lactancia y son más comunes en el caso de las no primerizas. Para calmar el dolor, podrá acudir a las técnicas de respiración y relajación que se detallan en el capítulo 6.

Estreñimiento

La debilidad de los músculos de la zona abdominal que ocasionan dificultades para orinar también puede causar estreñimiento y, para evitarlo o minimizarlo, siga los consejos que se ofrecen en el capítulo 8.

Loquios

Se trata de pérdidas formadas por sangre y secreciones del interior del útero, del cuello y de la vagina que se producen en los dos primeros meses después del parto. Se deben, entre otras razones, a que durante el embarazo el cuerpo acumuló sangre que ahora ya no necesita y de la que debe desprenderse. En las primeras horas son más abundantes, de color rojizo y es muy probable que aparezcan coágulos. Luego, la descarga va perdiendo color y se hace menos copiosa. Una precaución importante es no utilizar tampones, sino compresas de algodón.

Micción

Es probable que en los primeros días posteriores al parto usted experimente cierta dificultad para orinar. Esto se debe, principalmente, al tono abdominal flojo, a las molestias en la zona del perineo y a la hinchazón alrededor de la uretra. Frente a esto:

- Beba mucho líquido.
- Camine todo lo que pueda.
- Relájese lo más posible en el momento de orinar.
- Y el consejo que suele dar más resultado: orine en la ducha, en la bañera llena de agua o en el bidet también lleno de agua, para facilitar la micción.

Luego, cuando esas molestias cedan o se minimicen, es posible que usted note que orina mucho más que antes y durante el embarazo. Eso se debe a que el cuerpo debe eliminar el exceso de líquido acumulado durante la gestación.

Órganos genitales

Al completarse la involución, el útero vuelve prácticamente al tamaño anterior al embarazo. Sin embargo, el cuello uterino en general permanece algo más ancho. Por su parte, la vulva y la vagina recuperan su tonicidad, pero los labios, tanto mayores como menores, suelen quedar un poco más grandes y oscuros que antes.

Pechos

Sus pechos sufrirán modificaciones que los harán aptos para la lactancia y, precisamente debido a ella, podrán producirse algunos inconvenientes. Para un panorama extenso y detallado al respecto, consulte los primeros tópicos de nuestro capítulo 14.

Perineo

Se trata de un área corporal que requerirá de cuidados especiales durante el posparto, especialmente si se le realizó una episiotomía o sufrió un desgarro. Los cuidados a los que aludimos le permitirán aliviar las molestias, al tiempo que evitarán infecciones y promoverán la curación de la zona. ¿Qué hacer en estos casos?

- Cámbiese la toalla higiénica tan a menudo como pueda. Lo óptimo es que lo haga, como mínimo, cada 4 horas.
- No use tampones.
- Límpiese cuidadosamente luego de orinar. Una buena manera de hacerlo es echando agua tibia sobre la zona, siempre desde el frente hacia el recto y nunca a la inversa.
- Aplíquese una bolsa de hielo en la zona durante períodos de, aproximadamente, 1/2 hora. Eso reducirá el dolor y la hinchazón.
- Pregunte a su médico con qué sustancia, solución o medicamento puede tratar la zona para aliviar el dolor y reducir la inflamación. Una de ellas, por ejemplo, es la hamamelina, pero quizás su médico prefiera otra cosa.
- No utilice el duchador del bidet.

Piel

La gestación del bebé y el estiramiento de la piel que eso conlleva seguramente han dejado en varios sectores de su cuerpo marcas y estrías.

A medida que el tiempo pase se irán minimizando, pero lo más probable es que nunca lleguen a desaparecer totalmente. Utilice alguna crema humectante de buena calidad que contenga vitamina A para optimizar y acelerar el proceso.

Transpiración excesiva

Conocida científicamente con el nombre de *diaforesis*, tiene su origen en ciertos ajustes hormonales que el cuerpo debe realizar durante el posparto debido a la necesidad de eliminar el líquido extra que acumuló durante la gestación. Suele durar un par de semanas y, si bien no es una gran molestia, es importante que tome mucho líquido para compensar la pérdida de agua que está teniendo lugar.

Recuperación del parto por cesárea

La recuperación mediata de un parto por cesárea, aunque pueda parecer extraño, no dista mucho de la de un parto por vía vaginal: habrá loquios, fatiga, transpiración excesiva, etc.

Sin embargo durante los primeros días del posparto suele ser bastante más molesta, y cosas simples y cotidianas, como darse vuelta en la cama o toser, pueden tornarse dificultosas.

Por eso, ofrecemos una serie de sugerencias para que se sienta más cómoda:

- **Cómo darse vuelta en la cama:** existe una forma de darse vuelta que hace que las incisiones resulten menos dolorosas: flexione las rodillas hasta que pueda apoyar las plantas de los pies sobre la cama. Presiónelas con fuerza y eleve las caderas de manera que su cuerpo quede derecho desde los hombros hasta las rodillas. En esa posición, doble las caderas a un lado y bájelas. Luego, dé vuelta el resto del cuerpo hacia el mismo lado.
- **Cómo pararse y caminar:** será de gran ayuda para su recuperación. Para pararse, comience recostándose de lado en la cama, deje las piernas colgando hacia un costado y, luego, siéntese. Permanezca así unos segundos y, luego, párese. Es posible que en este punto necesite la ayuda de alguien, especialmente las primeras veces que lo intente. Luego, párese lo más erguida que pueda: es posible que la incisión tire un poco, pero no se soltarán los puntos. Una vez acostumbrada a estar de pie camine un poco. Probablemente le será difícil la primera vez pero, a medida que lo siga intentando, se sentirá cada vez más cómoda y podrá hacerlo a mayor velocidad y transitando distancias mayores.
- **Cómo toser:** cuando sienta deseos de toser, sólo sostenga la incisión con una toalla doblada o un pañuelo de papel limpio, al que presionará suave pero firme. Inhale profundamente y, al exhalar, contraiga el vientre hacia dentro y haga un ruido similar a un bufido. Repítalo varias veces hasta que se sienta aliviada.

- **Cómo eliminar los gases:** suelen ser un incordio frecuente luego de una cesárea y provocan dolor e hinchazón. Para aliviarlos: entre y salga de la cama, respire profundamente y balancéese en una silla. Si lo desea, puede solicitarle a la enfermera un tubo rectal.

Señales de alerta

La aparición durante el posparto de algunos de los síntomas que se detallan a continuación puede estar indicando un problema que requiera atención. Ante la presencia de cualquiera de ellos, alerte al médico lo más rápidamente posible:

- Flujo vaginal con características "anormales": mal olor, consistencia "arricotada", coloración amarillenta o verdosa, etc.
- Prurito vulvar o vaginal.
- Fiebre por encima de los 37,5ºC.
- Incapacidad para orinar.
- Ardor y/o sangre en la orina.
- Aumento de las sensaciones molestas en el lugar de la episiotomía, sobre todo si también se expele flujo sanguinolento o pérdidas con mal olor.
- Zonas rojas, doloridas y/o hinchadas en las piernas.
- Área enrojecida, dolorida y caliente en uno o ambos pechos, especialmente si se acompaña con fiebre y síntomas similares a la gripe.
- Separación de los bordes de la incisión de la cesárea.
- Aflojamiento de los puntos de la episiotomía.
- Dolor pronunciado en la zona pectoral.
- Ausencia de loquios en la primera quincena posterior al parto.
- Pérdida de trozos de tejido o de coágulos, o retorno del flujo vaginal de color rojo una vez que los loquios hayan perdido color.

La depresión posparto

Aunque no sucede de manera indefectible, muchas veces ocurre que en los días y semanas posteriores al parto, la reciente mamá se sienta deprimida o extremadamente vulnerable desde el punto de vista psíquico y emocional. Este estado se conoce con el nombre de *depresión posparto* y la causa principal radica en el descenso hormonal que se produce luego de parir. Durante los nueve meses de embarazo, su organismo ha tenido un altísimo nivel de hormonas y, de pronto, en unas pocas horas, esos niveles bajan de una forma verdaderamente abrupta. Los síntomas varían de mujer en mujer y los más usuales son:

- Tristeza persistente durante la mayor parte del día.
- Cansancio extremo.
- Ataques de llanto.
- Sentimientos de desesperanza.
- Imposibilidad de conciliar el sueño por la noche.
- Agitación o apatía.
- Notorio aumento o disminución del apetito.
- Incapacidad o notable disminución del poder de concentración.
- Dolores de cabeza.
- Ausencia de sentimientos positivos hacia el bebé.
- Irritabilidad.
- Falta de autoestima.
- Pensamientos obsesivos y negativos.
- Eventualmente, pueden aparecer o reaparecer ataques de pánico.

Asimismo, es factible que la padezca de manera más acentuada o contínua si:

- Usted o algún familiar tiene antecedentes de depresión.
- Se ha sentido eventualmente deprimida durante el embarazo.
- Ha padecido el síndrome premenstrual.
- Pasa por algún problema que afecte su futuro: divorcio reciente, pérdida de la vivienda, pérdida del trabajo, etc.
- El embarazo fue sorpresivo y le costó acostumbrarse a la idea de tener un hijo.

¿Qué puede hacer para superarla? En general, desaparece aproximadamente a los quince días de manera espontánea, cuando el cuerpo deja de sentir ese impacto hormonal tan intenso y repentino, y las hormonas se estabilizan. Sin embargo, algunas actitudes de su parte pueden ayudar a que desaparezca antes o a que, mientras dure, los síntomas no sean tan acentuados. Ellas son:

- Tenga una actitud positiva al respecto.
  Recuerde que, casi seguro, será muy breve y, en última instancia, forma parte de un proceso natural.
- Comparta sus sentimientos con personas de su confianza.
  Saber que no está sola le dará ánimos. Cuéntele a su pareja lo que le sucede o reúnase con amigas cercanas para contarles como se siente. Seguramente, aquellas que han tenido hijos y han pasado por una situación similar, serán quienes mejor la comprendan. Por supuesto, si usted considera que la escucha más adecuada es la de un psicólogo o psiquiatra, no dude en consultarlo. Pero lo cierto es que la mayoría de las veces "descargarse" con alguien cercano y querido suele ser un alivio importante.
- Ocúpese de usted misma: gratifíquese.
  Si bien el desequilibrio hormonal es la causa principal de la depresión posparto, otras cosas pueden estar colaborando al respecto: el aspecto físico diferente al previo al embarazo, el ritmo de sueño de su bebé que le impide organizar su vida como antes, el cansancio, etc. Comenzar a cambiar este panorama un tanto caótico podrá ayudarla mucho. Por eso:
  - Valorarse y mimarse es una buena manera de salir (o de intentar hacerlo) de una depresión y la del posparto no es una excepción. Tome baños de inmersión con sales o aceites aromáticos, maquíllese, vístase con ropa que sea de su agrado, etc.
  - Pídale a alguien que se quede con el bebé y salga: vaya a pasear, al cine, o a mirar vidrieras, a una plaza, etc. Busque distracciones fuera de las paredes de su casa.
  - Comience a hacer ejercicio físico para bajar de peso y recuperar la figura perdida. Una buena manera de hacerlo es

empezar con caminatas al aire libre que tonificarán sus músculos, incrementarán el ritmo de su metabolismo y despejarán su mente.

¡Atención! Si los síntomas duran más de dos semanas o son demasiado intensos, se impone la consulta a un especialista.

El control médico posnatal

Si bien el lapso exacto dependerá del criterio de su médico, es importante efectuar un control posparto entre 3 y 8 semanas después del nacimiento. Ésta incluye una evaluación de la recuperación general, un examen de la pelvis, la indicación para hacerse un Papanicolau y la eventual consulta acerca de algún método anticonceptivo.

El sexo después del parto

Si ambos integrantes de la pareja sienten deseos y no existen razones clínicas que lo impidan, las relaciones pueden reanudarse relativamente poco tiempo después del parto. No deje de asesorarse por su médico.

Actualmente, de manera contraria a tiempos pretéritos, se anima a las parejas a que mantengan su vida sexual durante el embarazo, a no ser que exista un impedimento especial para no hacerlo. Por lo tanto, la vuelta a la vida sexual después del parto, no supone retomar una actividad demasiado lejana en el tiempo. Pero, aún así, las cosas no resultan siempre fáciles al respecto. Algunos factores que conspiran contra la simplicidad son los siguientes:

- Es probable que usted no experimente deseos de hacer el amor en las semanas posteriores al parto. Esta falta de interés sexual suele ser el resultado del cóctel compuesto por el agotamiento físico, el cambio hormonal drástico y la depresión posparto.

- Asimismo, es probable que usted se sienta cohibida o poco atractiva debido a que su cuerpo aún muestra rastros de la reciente maternidad.
- Por otro lado, es posible que su pareja no sepa bien cómo manejarse al respecto. Un "tercero" ha entrado en la relación y eso puede generarle celos, culpa por sentirlos y una cierta dificultad en aunar en una misma figura (la suya) la imagen de compañera sexual y de madre.

¿Qué hacer al respecto?

- Tómese su tiempo: no hay apuro para reanudar la relación sexual. Ambos han vivido un gran cambio en sus vidas y deben otorgarse un tiempo para reorganizarlas.
- Disfruten de su sensualidad sin pensar que ésta debe terminar indefectiblemente en un coito. Báñense juntos, háganse masajes el uno al otro, etc.
- Planifiquen y reserven algún tiempo para estar juntos y solos. Desde la primera semana posterior al nacimiento, pueden dejar al cuidado de alguien confiable al pequeño y "escaparse" para hacer lo que deseen: ir al cine, a cenar a algún lugar especial, a caminar de la mano por una zona tranquila y agradable, etc.

No olviden que, una vez que recomiencen la vida sexual, existe la posibilidad de un nuevo embarazo, haya reaparecido o no la menstruación, y que deberán, por lo tanto, utilizar algún método anticonceptivo si desean evitarlo.

CAPÍTULO 11

El recién nacido

Su hijo o hija ha llegado al mundo. Ese ser largamente esperado es ahora una realidad palpable y concreta, que llora, toma teta, ensucia pañales y no deja de crecer. Y si bien usted venía pensando en él o ella desde hacía meses, lo cierto es que la verdadera relación comenzará cuando usted esté de vuelta en su casa. Pero... ¿cómo es ese pequeño ser que cambió su vida de manera radical para siempre? Comencemos por describirlo.

La apariencia del recién nacido

Tamaño y peso

El tamaño y peso de los recién nacidos varía. El peso medio es de 3,5 kg. La mayoría de los bebés sanos pesa entre 2,7 y 4,3 kg. si son niños, y entre 2,6 y 4,1 kg. si son niñas.

Es normal que los recién nacidos pierdan peso durante los primeros días y lo recuperen hacia fines de la segunda semana.

En cuanto al tamaño, el promedio está en los 50 cm. de largo.

Cabeza

La cabeza de un recién nacido suele ser grande en relación con el resto del cuerpo. También es posible que esté deformada, hinchada o alargada debido al paso un tanto traumático por el canal de parto. Esto no es motivo de preocupación, ya que retornará a su forma armónica y redondeada en unos pocos días. Algunos bebés tienen una protuberancia parecida a un quiste en un lado, o en los dos, de la cabeza, conocida como *cefalohematoma,* que puede llegar a tardar un par de meses en desaparecer.

Asimismo, se notará en el recién nacido las denominadas *fontanelas,* zonas blandas donde los huesos del cráneo no se han fusionado de manera completa. La fontanela posterior se cierra entre las 6 u 8 semanas posteriores al parto, mientras que la anterior –de mayor tamaño- tarda entre 18 y 24 meses. La membrana que las recubre es lo suficientemente gruesa como para que el lavado o cepillado de la zona no lastime a su bebé pero, por supuesto, siempre deben ser manipuladas con suavidad y cuidado.

Cabello

Nada terminante se puede decir al respecto, ya que algunos bebés nacen prácticamente pelados y el cabello les crece con el correr del tiempo, mientras que otros tienen mucho pelo en el momento del nacimiento, se les cae en los primeros meses y luego les vuelve a crecer. Y su bebé podrá estar dentro de cualquiera de estos dos grupos como también en otro intermedio.

Ojos

Al llegar al mundo, los ojos del bebé posiblemente estén hinchados o con marcas en los párpados por la presión sufrida durante el parto. Limpiarlos inmediatamente después es una primera medida para normalizarlos.

La mayoría de los recién nacidos tienen los ojos de color azulados pero lo más probable es que le cambien con el correr de los meses.

Aunque pueden ver desde que nacen, lo cierto es que la visión completa se desarrollará con el tiempo y recién al llegar a los tres meses podrá acomodar la vista tan bien como un adulto. Al nacer sólo pueden enfocar a una distancia muy corta y diferenciar la luz de la oscuridad pero, por ejemplo, aún no están en condiciones de distinguir los colores.

Vientre

Un abdomen protuberante es normal en los recién nacidos y, como otras características, se irá normalizando con el paso del tiempo.

Piel

Muy posiblemente, en el momento de nacer, la piel de su bebé estará cubierta de *vérnix*, una sustancia blanca y grasosa que lo protegía cuando se encontraba dentro del útero. El vérnix se puede eliminar mediante un lavado o, simplemente, dejar que desaparezca.

Además, en los primeros instantes de vida, la piel del pequeño será de color azul grisáceo y veteada con sangre y, una vez que comience a respirar, virará hacia el color normal.

Asimismo, durante las primeras semanas de vida, la piel no está totalmente estabilizada y pueden aparecer, por ejemplo, erupciones, sectores rojizos, zonas de pigmentación más oscuras que el resto del cuerpo, ronchas pálidas, etc. Usualmente, después de unas semanas, la piel va adoptando de forma gradual un color más parejo, pero no deje de consultar al pediatra si siente alarma ante alguna anormalidad.

Pechos

Tanto si su hijo es varón como si es mujer puede ser que sus tetillas se encuentren inflamadas y hasta que goteen leche. La causa de ello es la presencia de hormonas maternas en el cuerpo del pequeño, por lo cual desaparece sin tratamiento a los pocos días.

Cordón umbilical

Es color blanco azulado y mide entre 2 y 5 cm. una vez que ha sido pinzado, cortado y unido el fragmento que queda al bebé. A medida que transcurren los días el cordón se oscurece, se encoge y se seca para luego desprenderse y caer de manera espontánea, dando origen al ombligo. Lo único que debe hacerse es mantenerlo limpio y seco y avisar al médico si sangra o se abre.

Genitales

Las hormonas maternas también suelen provocar hinchazón y enrojecimiento de los genitales del bebé. Las niñas, además, tal vez tengan el clítoris hinchado y hasta experimenten una descarga lechosa o rojiza por la vagina. Todo ello es normal y desaparece a los pocos días sin ningún tipo de tratamiento.

Piernas y pies

Los recién nacidos tienen las piernas cortas en relación con el resto del cuerpo y parecen tener los pies planos debido a la acumulación de grasa oculta en los arcos plantares. Los dedos gordos pueden torcerse hacia dentro y, por ello, dar la impresión de que el pequeño tiene los pies torcidos. Se trata de un rasgo normal que, llegado el año y medio de vida, se corregirá por sí solo y, si no lo hace, será el momento adecuado para consultar un especialista. A veces, uno o los dos pies aparecen torcidos hacia abajo y hacia dentro o hacia arriba, lo cual generalmente se debe a que los pies estuvieron sometidos a presión mientras el bebé estaba en el útero.

Exámenes y procedimientos de rutina

Cuando su hijo llegue al mundo, le realizarán una serie de chequeos para comprobar que se encuentra saludable. Seguramente, y en caso de no haber ninguna urgencia para atender al respecto, luego de realizado el primer examen (test de Apgar) le permitirán tomar contacto con él para que usted le hable, lo acaricie, lo tome entre sus brazos y, eventualmente, comience a darle el pecho. Pero, al cabo de unos instantes, el pequeño deberá hacer su debut como paciente sometiéndose a los exámenes de rutina que se hacen para determinar su normalidad y, en caso de existir alguna patología, detectarla precozmente a fin de tratarla lo antes posible. Los chequeos y cuidados médicos que se efectúan en los recién nacidos varían según los profesionales y las instituciones, pero los más frecuentes son:

Test de Apgar

Se realiza durante el primer minuto de vida y permite medir la vitalidad del bebé y, por ende, la adaptación a su vida en el nuevo medio. En él, un médico o enfermera especializada evaluará a su hijo de acuerdo con cinco parámetros que reciben una puntuación del 0 al 2.

- Frecuencia cardíaca
- Reacción a los estímulos externos
- Color de la piel
- Tono muscular
- Regularidad de los movimientos respiratorios

El promedio normal es de 7 a 10.

Los primeros cuidados

- Luego de realizado el Test de Apgar, alguien del personal especializado limpiará al bebé, lo secará –poniendo especial cuidado en los pliegues cutáneos– y removerá el líquido y las secreciones de la nariz, la boca y las vías respiratorias para facilitar la respiración. Generalmente, eso se hace con una sonda, del tamaño adecuado a la contextura física del bebé, que aspira los fluidos.
- La auscultación cardíaca permitirá detectar alteraciones congénitas y corroborar si se lleva a cabo normalmente el proceso de adaptación extrauterina del aparato cardiorrespiratorio.
- Después se examina la zona abdominal.

- Luego se controlan los genitales. A los varones se le palpan los testículos para determinar su correcta ubicación en las bolsas y se verifica que el prepucio del pene esté normalmente adherido al glande. En las nenas, se corrobora que los labios mayores cubran los labios menores y el clítoris.
- El examen físico finaliza con la verificación de la estabilidad de las caderas para descartar una luxación congénita. Si existen dudas, se procede a sacar una radiografía o realizar una ecografía.
- Luego se le coloca colirio con antibiótico en los ojos para prevenir infecciones oculares y se le inyecta una dosis de vitamina K a fin de evitar hemorragias.
- A través de la sangre del cordón umbilical se determina el grupo y factor sanguíneo al que pertenece el bebé.
- Por último, se controlan peso, talla y diámetro de la circunferencia craneana.

Examen neurológico

Se realiza para tener una idea de la madurez neurológica del recién nacido y consta de varias pruebas en las cuales se evalúan los reflejos (ver tópico correspondiente en este mismo capítulo). Todos ellos desaparecerán a medida que el tiempo transcurra, pero el hecho de que estén presentes en el bebé, indica un buen desarrollo neurológico.

Examen de hipotiroidismo

El hipotiroidismo consiste en una producción baja de la hormona tiroides, que atrasa el crecimiento. Puede ser congénito y, por eso mismo, se realiza un examen al recién nacido. Para hacerlo, se toma una muestra de sangre del talón a las doce horas del nacimiento y se la analiza para comprobar el nivel de la hormona tiroidea. En caso de que se detecte de forma tan precoz un posible problema al respecto, permite subsanarla mediante la medicación.

PKU

A las veinticuatro horas del nacimiento, después de alimentarlo con pecho o fórmula especial de leche, se realiza este examen a través de una muestra de sangre del talón. Su objetivo es detectar si existe *fenilcetonuria*, un déficit en el metabolismo del aminoácido llamado *fenilalanina* cuya acumulación en la sangre produce daño cerebral. Los bebés nacidos con este problema tienen déficit cuando comen alimentos altos en proteínas, tales como la leche (incluida la materna), la carne, los huevos y el queso. Detectar esta patología de forma temprana permite instrumentar un tratamiento para que los bebés que la padecen no sufran un retraso en su desarrollo.

VDRL

Se realiza a través de la sangre del cordón y detecta la presencia o ausencia de sífilis congénita.

Los reflejos del recién nacido

Todos los recién nacidos tienen determinados reflejos, o sea, respuestas o reacciones automáticas a determinado estímulo en particular. Su función es proteger al bebé muniéndolo de herramientas que lo ayuden en la supervivencia. Algunos de estos reflejos desaparecen muy rápido, mientras que otros duran algunos meses.

Después del nacimiento, el médico comprobará la existencia de estos reflejos y volverá a hacerlo en un examen rutinario, aproximadamente entre las seis y ocho semanas de vida del niño. La razón de ello radica en que unos reflejos anormales o ausentes, o la persistencia de otros que deberían haber desaparecido, podrían indicar algún tipo de daño neurológico.

- **Reflejo de succión:** tal como lo demuestran las ecografías, se trata de un reflejo que está presente aún antes del nacimiento. El control consiste en colocar en la boca del bebé un pezón, una tetina o inclusive el dedo, para ver si el pequeño comienza a chupar. Es el reflejo que le permite comer.

• **Reflejo de prensión:** tiene lugar cuando alguien le coloca al bebé un dedo sobre la palma de la mano y responde asiéndolo con fuerza. Este agarre es tan potente durante los primeros días después del nacimiento que si el bebé agarrase el dedo con ambas manos, podría mantener su propio peso durante unos instantes.

• **Reflejo de Moro o de sobresalto:** este reflejo proporciona indicios certeros acerca del estado del tono muscular y del sistema nervioso del bebé. Consiste en que, cuando el pequeño se asusta o se alarma –por ejemplo, por un ruido o un movimiento inesperado– extiende sus brazos y piernas hacia fuera y endereza el cuerpo. Luego, vuelve a juntarlos y, muy posiblemente, llore.

• **Reflejo de la marcha automática:** se produce cuando, al sujetar al recién nacido por debajo de los brazos en posición vertical de modo de dejar que los pies toquen una superficie lisa, el bebé comienza a mover los pies alternativamente como si estuviera caminando.

• **Reflejo perioral o de hocicar:** consiste en que el bebé se dé vuelta con la boca abierta cuando se lo toca en la mejilla. Le ayuda a buscar el pezón al mamar y, por lo tanto, colabora con su alimentación.

• **Reflejo de Babinski:** se produce cuando el bebé curva los dedos al tocar la planta del pie.

• **Reflejo de parpadeo:** el bebé parpadeará ante una luz brillante o ante un movimiento inesperado.

Sin miedo, pero tomando precauciones: cómo evitar un secuestro

Lamentablemente, el secuestro de recién nacidos (tanto en hospitales y clínicas como en el mismo domicilio) es un delito en alza y, por lo tanto, es nuestra responsabilidad dar cuenta de tan lamentable tema en un libro como el presente. Una madre o un padre educado al respecto y atento, es la mejor defensa con la que cuenta su hijo. Por ello:

- *Familiarícese con el personal del hospital que esté cuidando de usted y de su recién nacido.*
- *Interrogue a las personas no familiares que entren en su cuarto y pregunten sobre su bebé, aun si están vestidos con indumentaria de hospital. En caso de que esto ocurra, alerte en forma inmediata a un miembro del personal de enfermería.*
- *Nunca deje a su bebé solo en la habitación.*
- *Nunca dé a su bebé a ninguna persona que no tenga identificación oficial del hospital e interrogue a cualquiera que intente cargarlo fuera de su cuarto.*
- *Si le dicen que es necesario hacerle exámenes a su bebé, averigüe quién los autorizó, adonde lo llevarán y cuánto tiempo tomarán los procedimientos. Para mayor seguridad al respecto, haga que su pareja o alguna otra persona de confianza que esté con usted acompañen al bebé.*
- *Si saca a su bebé de la habitación no lo cargue en brazos: póngalo en una cuna móvil.*
- *Cuando tanto usted como su bebé estén en la habitación, mantenga el moisés al lado de su cama y lo más lejos posible de la puerta.*
- *Pregunte al personal del hospital sobre cualquier duda de seguridad que tenga.*

CAPÍTULO 12

Cuidado del bebé

Cuidar a un bebé no es una tarea fácil: requiere de paciencia, amor, tiempo, atención... y también de ciertos conocimientos básicos que podrán hacerlo más adecuado y sencillo. A continuación, ofrecemos una guía sobre los tres temas esenciales: el sueño del bebé, el llanto y la higiene, y hacia el final del capítulo damos indicaciones acerca de cómo viajar en compañía del pequeño.

El sueño

El sueño es un factor fundamental de equilibrio para el ser humano cualquiera sea su edad. Pero en el caso de los niños se le agrega algo más: durante las horas de sueño es cuando el cuerpo segrega la hormona de crecimiento por lo que es necesario para ellos dormir para crecer. Eso le dará una idea de lo importante que es cuidar el ritmo de sueño de su hijo y para poder hacerlo, usted debe conocerlo. A continuación, explicamos de qué manera debe esperar que evolucione el ritmo de sueño de su pequeño durante el primer año de vida, siempre teniendo en cuenta que se trata sólo de parámetros generales, ya que cada niño es único.

Cuándo y cuánto debe dormir un bebé

- En los dos primeros meses de vida el ciclo de sueño de su bebé estará íntimamente vinculado con la frecuencia de su alimentación, esto es, comerá cada vez que se despierte y se despertará únicamente para comer. Eso hace que duerma unas 20 horas diarias con interrupciones cada 2 o 3 horas para ingerir alimento.
- A medida que el tiempo transcurra, ritmo de sueño y alimentación comenzarán a ser menos interdependientes. Hacia el tercer mes empezará entonces a establecerse un ritmo de sueño-vigilia: el sueño nocturno se prolongará entre 5 a 9 horas y, además, el pequeño realizará 3 o 4 siestas durante el día.
- A partir del sexto o séptimo mes, su hijo dormirá 11 o 12 horas por la noche y realizará 2 siestas breves durante el día: una por la mañana y otra por la tarde.
- Cuando ya se encuentre muy cerca de cumplir el primer año, dormirá unas 13 horas por noche y una siesta luego del almuerzo.

Claves para hacer dormir al bebé

A partir de que, aproximadamente, al año de vida se establece el ritmo de un prolongado sueño nocturno y una siesta diurna, comienza un período fundamental para prevenir problemas de sueño. De la misma manera en que a un niño se le enseña a comer, a caminar y a hablar, debe enseñársele a dormir, es decir que se habitúe a hacerlo de manera ordenada. Sólo a partir de esto, su hijo podrá adquirir un ritmo de sueño saludable, conveniente y ordenado. ¿Cómo hacerlo?

- La principal medida es que usted establezca un horario para el sueño y lo cumpla, aún cuando su hijo se encuentre totalmente despierto llegada esa hora. Si la rutina estipulada por usted indica que el pequeño debe acostarse a las 21 hs, deberá cumplirla, así sea que su hijo se encuentre somnoliento o despierto por demás.

- Llegado el momento, acúnelo y déjelo luego en su camita o moisés.
- Si el pequeño tiene preferencia por algún juguete, dejarlo en su cuna con esa compañía podrá facilitar las cosas.
- Déjele el chupete cerca de la almohada, de modo que pueda tomarlo si se despierta.

El llanto

¿Por qué llora el bebé? Es una pregunta que las madres vienen haciéndose desde siempre y, afortunadamente, si bien no hay una respuesta única y fiable, podemos presentarle una serie de opciones para que usted sepa cómo manejarse con su hijo cuando éste rompa a llorar. Pero, antes de los consejos, unas palabras informativas:

Es sabido que los padres (especialmente los primerizos) viven los ataques de llanto de sus pequeños como algo angustiante y que no pocas veces la culpa los agobia cuando, pese a los reiterados y diversos intentos, no pueden calmarlos. En principio: tranquilidad. El llanto es para los bebés, fundamentalmente, un modo de comunicación y de expresión de emociones y necesidades que no necesariamente debe conllevar un peligro latente. Ante cosas tan simples como una ropita que le ajusta demasiado, la imposibilidad de dormir pese al sueño o el hambre, el bebé llorará y agitará su cuerpecito. Sin embargo, de la misma manera en que instamos a la tranquilidad, también advertimos: cuando el niño llora en exceso o de manera no habitual (a los pocos días de nacido, toda madre "aprende" cual es el llanto normal de su pequeño) debe ser motivo de atención.

A continuación, listamos las causas más frecuentes de llanto del bebé y unos consejos que la orientarán acerca de cómo actuar en cada caso.

Posibles causas del llanto: cómo reconocerlas y qué hacer frente a ellas

- **Hambre**

Es la causa más frecuente de llanto de un bebé. Antes de investigar otro origen, ofrézcale alimento para ver si se calma.

- **Sed**

La sed es otra posible y frecuente causa de llanto, especialmente en los bebés que no son alimentados a pecho. Si su hijo ha sido alimentado hace poco (y, por lo tanto, el hambre como causa del llanto está descartada) ofrézcale algo para beber.

- **Gases**

Si nota que el abdomen del pequeño se encuentra dilatado y su rostro un tanto pálido, es posible que tenga gases y que llore por los dolores que le provocan. En ese caso, flexiónele las piernitas repetidas veces contra el vientre para facilitarle la expulsión.

- **Pañales sucios**

La sensación de incomodidad que significa para el bebé haber ensuciado los pañales, derivará en llanto. Ante esto, la solución es por demás simple: verifique el estado de los pañales y, si están sucios, cámbielos.

- **Incomodidad**

Además de los pañales sucios, su pequeño hijo puede encontrarse en otras situaciones que para los adultos son en extremo fáciles de resolver, pero para el niño son imposibles, y llorar es la manera que encuentra para comunicar su incomodidad, de modo tal que alguien las solucione por él. Tal vez sienta mucho calor o tenga frío, quizás lo ha picado algún insecto y no sabe qué hacer para calmar esa molesta picadura, o alguna luz le esté dando de manera excesiva sobre sus ojos... investigue y proceda a remediar la causa.

- **Cansancio**

Cuando los bebés se encuentran agotados, lo más probable es que lloren hasta que concilien el sueño. Si su pequeño se encuentra despierto a una hora en la cual habitualmente ya está dormido, es posible que se encuentre agotado y llore a causa de ello. Ayúdelo a conciliar el sueño y todos estarán más tranquilos.

- **Aburrimiento**

Especialmente a partir del quinto mes es muy usual que los bebés lloren de aburrimiento, especialmente si se los deja sin compañía y sin ningún objeto para entretenerse. Por eso, trate de no dejarlo solo durante lapsos prolongados y, si debe hacerlo, déjele en la cuna o el corralito, elementos con los que pueda distraerse: juguetes, paquetes, envases vacíos, etcétera.

- **Miedo**

Ciertos estímulos sensoriales potentes y poco habituales, tales como un ruido repentino y muy fuerte o un movimiento brusco, lógicamente asustarán al bebé que no está habituado a ellos y se siente amenazado. Cuando algo dé origen al llanto, usted podrá detectarlo fácilmente y proceder a confortar a su hijo, acunándolo y hablándole en voz baja.

Y una última indicación: siempre que su hijo llore acuda a él y averigüe la causa del llanto. Nunca dé por sentado que su bebé llora por hábito o costumbre. Si lo hace por esa razón o por las causas que acabamos de mencionar, bienvenido sea. Pero quizás esté sucediendo algo de mayor gravedad y la única forma que el pequeño tiene para comunicarlo es a través del llanto. Téngalo en cuenta.

La higiene

La rutina de higiene del bebé de meses se compone de dos procedimientos básicos: el baño y el cambio de pañales. En el caso específico de las primeras semanas de vida, a lo mencionado se le agregará la limpieza del cordón.

El baño del bebé

El baño es uno de los procedimientos básicos de la higiene del bebé. La recomendación general es que se realice diariamente a partir de la segunda o tercera semana y que, hasta ese momento, sólo le lave la cara, la zona posterior de las orejas, los pliegues del cuello y axilas y toda la piel que cubre el pañal. Sin embargo, consulte acerca de la conveniencia de esta frecuencia con su pediatra y siga sus instrucciones.

¿Cómo bañar a su bebé?

- Coloque al alcance de la mano todo lo que va a necesitar: jabón, champú, toalla, etc. así no se verá obligada a trasladarse con el bebé, lo que sería dificultoso e incómodo. Nunca debe trasladarse dejando al bebé en el agua: **esto pondría a su hijo en serio peligro de vida.**
- Verifique que en la habitación no haga menos de 20º y que se encuentra libre de corrientes de aire. De esta manera, minimizará los riesgos de que su bebé se resfríe.
- Igualmente, compruebe que la temperatura del agua de la bañera esté aproximadamente a 37º. Para hacerlo puede utilizar un termómetro. También es común introducir el codo en el agua y comprobar que se encuentra lo suficientemente caliente pero que no quema.
- Antes de bañar al bebé, lave cuidadosamente sus manos.
- Desnude completamente al bebé.
- Limpie la zona anal y genital con un algodón mojado para que el agua de la bañera no se ensucie.
- Para ponerlo en la bañera, coloque un brazo detrás de la espalda del bebé, agarrando con su mano el bracito que se encuentre más lejos de usted y, con la otra mano sosténgalo por las piernas y las nalgas y colóquelo en la bañera, introduciendo primero sus glúteos.

- Para bañarlo, lávele el cuerpo mientras le sujeta la cabeza y los hombros. Para lavarle la espalda, siéntelo y apoye el pecho del bebé en su brazo.

- Para lavar su cabecita, envuelva al bebé con una toalla y acomódelo sobre su brazo; sosténgalo por la espalda con el brazo y apoye la cabecita en su mano, manteniéndolo boca arriba. Con su mano libre, lave y enjuague el cabello.

- Luego de sacarlo de la bañera, coloque el resto de la toalla que le cubre el cuerpo para que cubra también su cabecita y sujételo colocando su mano con firmeza detrás del hombro, deslice una mano debajo de las nalgas y llévelo a un lugar donde pueda secarlo, cambiándolo cómodamente de posición.

- Séquelo poniendo especial cuidado en que no quede humedad en los pliegues de la piel.
- Cuando la piel esté verdaderamente seca, proceda a empolvar o entalcar su cuerpo teniendo el cuidado de extender bien el polvo para que no se amontone.
- Vístalo.
- Si desea terminar el baño con un toque de colonia, especialmente durante los primeros meses, lo mejor será que la coloque sobre la ropa y no sobre la delicada pielcita del bebé.

El resto de cordón umbilical que permanece en el bebé después del nacimiento, se va modificando con el correr de los días y se cae a las 2 o 3 semanas después del parto o, a lo sumo, un mes después. Mientras se aguarda, es muy importante higienizar de manera adecuada este sector ya que si no, se depositarán secreciones en esa área que podrían provocar una infección.

Para higienizarlo:

- Limpie la zona suavemente con agua hervida o con alcohol.
- Séquela con una gasa esterilizada.
- Cúbrala con otra gasa esterilizada embebida en algún antiséptico (por ejemplo, eosina en solución acuosa al 1%) o con algún producto cicatrizante que le haya recomendado su pediatra.
- Fije todo con cinta adhesiva.
- Otra opción recomendable (luego de limpiar la zona y secarla con gasa esterilizada) es permitirle que esté en contacto con el aire durante un determinado lapso (digamos, 1/2 hora) antes de cubrirla, ya que el aire facilita el proceso de cicatrización.

Algunos consejos fundamentales:

- El procedimiento que acabamos de describir debe efectuarse una vez por día.
- No utilice ningún antiséptico que contenga iodo.
- Si la herida comienza a supurar, a tomar un color rojizo, o a emanar un olor desagradable, deberá consultar al médico lo más pronto posible.
- Jamás haga nada para acelerar la caída del cordón. Se trata de un proceso que debe producirse de forma natural. Asimismo, no haga caso de todo lo que puedan aconsejarle para mejorar la estética del ombligo del bebé. Seguir esos consejos podría provocar infecciones umbilicales que dejarían cicatrices y complicarían innecesariamente la salud de su hijo.
- En muchas ocasiones después de que se cae el cordón, el ombligo puede permanecer rojo y tener una pequeña cantidad

de secreciones. Por lo general eso no tiene importancia y se soluciona con la colocación de alcohol que seca y cicatriza la zona en pocos días. Si persistiera, consulte al médico a la brevedad.

El cambio de pañales

Usted deberá cambiar los pañales e higienizar la zona, aproximadamente, unas seis veces por día. ¿Cómo hacerlo?

- Después de quitarle el pañal sucio, limpie meticulosamente la zona hasta que quede totalmente higienizada. Durante las primeras semanas será conveniente que no utilice agua sino aceite, ya que la piel del recién nacido es sumamente frágil y el agua resulta un tanto agresiva para ella. Luego, podrá hacerlo con agua y jabón o con las toallitas descartables especialmente fabricadas para tal fin. Pero, si nota irritación, deberá volver al aceite.
- Tenga en cuenta que las niñas se deben limpiar siempre de adelante hacia atrás para evitar que las bacterias propias de las heces entren en contacto con la vagina. En el caso de los varoncitos, será una buena medida preventiva que cubra el pene con un paño suave para evitar que la salpique cuando orine inesperadamente.
- Seque suavemente la zona con una gasa esterilizada. Al secar, no restriegue. Recuerde secar bien entre los pliegues y arrugas de la piel.
- Antes de colocar el pañal, aplique ligeramente talco para bebé o fécula. Si existe irritación, coloque un ungüento o pomada antiséptica y cicatrizante antes del talco.
- Abra el pañal y ponga la colita del bebé sobre él. Si usa los pañales desechables, las tiras adhesivas deben estar atrás. Levante la parte delantera del pañal y pegue las tiras adhesivas a la parte de arriba, a la altura de la cintura. La cintura del pañal debe quedar justa pero no apretada.

Cómo viajar con un bebé

¿Piensa emprender las primeras vacaciones en compañía de su pequeño? ¿Planea una excursión de fin de semana junto a su bebé? Si es así, los tips que presentamos a continuación le serán seguramente de gran utilidad.

- Compre pañales extra-absorbentes para poder cambiarlo menos veces y simplificar las cosas.
- Tenga a mano una provisión de toallitas húmedas, ungüento para el área del pañal y un jabón antibacteriano.
- No olvide los medicamentos que su hijo puede necesitar en caso de que, por ejemplo, le suba la temperatura o sus deposiciones sean más blandas que lo habitual. Lo mejor es preguntarle al pediatra qué medicamentos llevar.
- Recurra al plástico, a los enseres descartables: baberos de ese material, cucharitas y un cambiador para colocar en la superficie donde cambiar a su bebé fuera de casa. Parte de una cortina de baño cumple esa función de forma excelente.
- Lleve siempre una cantidad generosa de alimentos y bebidas que usted sabe que son del agrado del pequeño.
- Tenga a mano los juguetes más livianos de aquellos que su hijo prefiere: le serán de mucha ayuda cuando el pequeño se aburra.
- Lleve algún aparato para escuchar música que lo calme y le agrade. Es otro excelente modo de hacer que su hijo, usted y quienes comparten el medio de transporte viajen más tranquilos y felices.

CAPÍTULO 13

La salud del bebé

"Lo importante es que se sea sanito" es la que responden muchos futuros padres y madres mientras esperan la llegada al mundo de su hijo cuando alguien les pregunta si prefieren que sea una nena o un varón. Y es así. Por eso no es exagerado decir que la salud de los hijos es la mayor preocupación de los padres. Y este capítulo trata precisamente sobre eso.

Síntomas de buena y de mala salud

Tal como lo dijimos varias veces a lo largo de este volumen, nada reemplaza a la palabra médica y, por ello, siempre deberá ser el profesional quien, luego de la revisación, los controles y los análisis que él crea necesarios, profiera la última y tranquilizadora frase: "Está todo bien". Sin embargo, existe una serie de signos que pueden indicarle a usted si todo marcha bien con relación a la salud del pequeño o si, contrariamente, usted debería ver una luz roja y proceder a solicitar una consulta médica.

Su hijo goza de buena salud si:

- Tiene buen aspecto general.
- Tiene buen apetito.
- Duerme bien.
- Sus ojos se muestran vivaces y expresivos.
- Es físicamente activo, por supuesto, siempre dentro de los límites de su edad.

- Su curva de peso va de acuerdo a la esperable.
- Se interesa por lo que lo rodea.

Por el contrario, deberá estar alerta si usted comienza a advertir que su hijo:

- Pierde peso.
- Duerme mal.
- Tiene ojeras.
- Está pálido.
- Su mirada comienza a opacarse o a hacerse menos vivaz.
- Empieza a perder apetito.
- Comienza a mostrarse apático o desganado.
- O, está nervioso y agitado en exceso.

Evolución del peso y de la talla

Durante el primer año de vida, el crecimiento es sumamente acelerado. Su hijo aumentará su estatura al doble y triplicará el peso que tenía al momento del nacimiento. Si bien, tal como lo dijimos varias veces a lo largo del presente volumen, cada ser humano es único y sólo podemos ofrecerle parámetros generales, es esperable que el peso de su hijo evolucione de la siguiente manera a lo largo de su primer año:

- En los 4 primeros meses aumentará 750 g. cada mes.
- Desde los 4 a los 8 meses, el aumento será de 500 g. mensuales.
- Desde los 8 a los 12 meses, aumentará 250 g. cada mes.

Este aumento de peso que, por supuesto, deberá ser siempre supervisado por su pediatra, es uno de los indicadores más fiables de que su hijo goza de buena salud y se desarrolla de manera adecuada.

Vacunas durante el primer año

- Primer mes:
  - Primera dosis de BCG.
  - Primera dosis de vacuna contra la hepatitis B.

- Segundo mes:
  - Primera dosis de Sabin.
  - Primera dosis de Triple (o Cuádruple).
  - Segunda dosis de vacuna contra la hepatitis B.
- Cuarto mes
  - Segunda dosis de Sabin.
  - Segunda dosis de Triple (o Cuádruple).
- Sexto mes
  - Tercera dosis de Sabin.
  - Tercera dosis de Triple (o Cuádruple).
  - Tercera dosis de vacuna contra la hepatitis B.
- Entre los doce y quince meses
  - Primera dosis de Triple Viral.

El chupete

La succión es una gran ayuda para el bebé y nada mejor que el chupete para satisfacerla, especialmente en esos momentos en que nada parece calmar al pequeño. Sin embargo, muchas veces al principio, el pequeño expulsa el chupete y los padres entienden que el niño lo rechaza y no insisten sobre el tema. Es preferible insistir hasta que lo acepte, ya que el chupete constituye la mejor opción para la necesidad de succión del bebé. ¿Cómo hacerlo?

- En principio, los padres deberán estar mentalmente convencidos de que, efectivamente, están haciendo algo bueno para el bebé. **Acepte** el hecho de que el chupete es una ayuda tanto para su pequeño hijo como para usted, ya que por medio de la succión, el bebé se relaja y se calma, y todos ganan en tranquilidad.
- De manera contraria, **descarte** de su mente, falsas ideas tales como que los chupetes alteran la normal erupción dentaria produciendo una mala oclusión o deforman el paladar.
- **Busque** diferentes chupetes hasta encontrar aquel que al bebé le resulte cómodo sujetar en su boca.

- **Propicie** un uso temprano del mismo, por ejemplo, a partir del tercer o cuarto día de vida del niño.
- **Genere** un proceso de adaptación si el niño lo expulsa. Por ejemplo, coloque una mano por delante, de manera que el chupete rebote contra él. De esa manera se irá adaptando al nuevo mecanismo de succión que no es igual al que utiliza para alimentarse.

***Recuerde** que el uso del chupete sólo debe mantenerse hasta los 18 o 20 meses ya que si se usa por más tiempo, sí será responsable de las alteraciones dentarias. Y que no debe colocarse ningún aditamento (azúcares, dulces o bebidas) en el chupete, ya que pueden provocar caries y destrucción del esmalte dentario.*

Las molestias de la dentición

A la mayoría de los niños comienzan a salirle sus primeros dientes a los 6 meses y, en su primer cumpleaños, ya suelen tener entre 3 y 4. Sin embargo, esto no es siempre así. De hecho, algunos bebés nacen con uno o incluso más dientes mientras que otros llegan al primer año de edad sin tener ninguno.

Pero, cualquiera sea el momento en que se produzca la denominada *dentición,* le generará molestias al bebé, ya que los dientes deben abrirse camino a través de las encías. El bebé estará por demás irritable e inquieto, babeará en extremo, se morderá los dedos, tendrá las mejillas enrojecidas y tenderá a llevarse a la boca y a morder cualquier objeto al alcance de la mano.

Para aliviar esas molestias:

- Proporciónele algún objeto duro y liso para que muerda y de esa manera encuentre alivio. Por supuesto, el objeto elegido deberá estar limpio y ser lo suficientemente grande como para que el bebé no corra riesgo de tragárselo. Lo ideal al respecto es un mordedor o mordillo con gel en su interior, ya que puede colocarlo en la heladera un rato, para que se enfríe y resulte desinflamante.

- Masajéele las encías: lávese bien las manos con agua fría y jabón neutro y, luego, masaje durante 2 minutos aproximadamente las encías de su bebé. Hacerlo con un trozo de hielo o con un gel especial para la dentición, hará que el masaje sea más efectivo en términos de alivio.
- Cuide la dieta del bebé: no le dé alimentos muy duros que le hagan doler al morder ni los que, por su alto grado de acidez, le provoquen ardor: mandarina, naranja, pomelo, etcétera.
- Déle al niño bebidas frías en abundancia.
- Evite darle comidas y bebidas muy calientes.
- En caso de que el bebé se encuentre excesivamente molesto suminístrele algún medicamento. Consulte con el pediatra cuál es el adecuado (seguramente le dirá que ibuprofeno o paracetamol) y descarte siempre las aspirinas.
- Si su hijo tiene fiebre, no tome esa señal como un síntoma más de la dentición y consulte al médico.

Dolencias y enfermedades más comunes: qué hacer frente a ellas

A continuación ofrecemos una pequeña guía acerca de enfermedades y síntomas que podrá sufrir su hijo durante el primer año de vida.

En algunos casos se trata de verdaderas enfermedades (tal como el sarampión) mientras que en otros, damos cuenta de síntomas (fiebre, tos) que pueden ser característicos de diferentes dolencias. En todas ellas se explican los síntomas de manera tal que usted pueda detectarlas y también se indica qué hacer ante ellas.

Algunas enfermedades "típicas" de la niñez, como por ejemplo las paperas, no aparecen en el listado que se presenta a continuación ya que, en general, no son características del primer año de vida, sino que suele producirse a una edad más avanzada.

Angina

Esta dolencia se hace evidente porque el niño tiene dificultad para tragar (lo cual es consecuencia del dolor de garganta), está molesto, tiene fiebre y experimenta inflamación en los ganglios del cuello.

Por supuesto, se impone llamar al médico, pero mientras lo espera suministrarle al niño algún medicamento como ibuprofeno o paracetamol (el que su pediatra le haya recomendado) bajará su temperatura y aliviará sus molestias. Asimismo, será importante que ingiera abundante líquido.

Candidiasis bucal

La candidiasis bucal es una infección de la boca causada por un hongo. Se trata de una enfermedad muy común en los recién nacidos que se puede manifestar entre los 7 y 10 días de nacimiento, habiéndola adquirido durante el parto, ya que este organismo se encuentra con frecuencia en la vagina. Los síntomas incluyen placas blancas que se asemejan a leche cuajada en el interior de las mejillas o en la lengua, que sangran cuando se trata de rasparlas y que pueden provocar dolor en la boca. Si bien muchos casos de candidiasis leves desaparecen solos, lo mejor es llamar al médico para iniciar el tratamiento específico.

Cólicos

Se conoce con este nombre a las súbitas crisis de llanto que incluyen gritos, enrojecimiento del rostro y movimientos corporales. Son frecuentes durante los primeros meses de vida y su causa es, en rigor de verdad, desconocida.

A veces, el niño se calma cuando elimina gases o materia fecal o, simplemente, cuando usted lo toma en brazos y le presta atención con mimos. Lamentablemente, en algunas ocasiones, no parece haber forma ni método para que el niño deje de llorar. Generalmente cesan a partir del cuarto mes. Pero, especialmente si el cólico es en verdad intenso, será bueno que usted compruebe que no existan otros signos de alarma, tales como fiebre o diarrea. Si comprueba su existencia, llame al médico. Si están ausentes, intente calmar al niño.

Convulsiones

Cuando se produce una convulsión, el niño empalidece bruscamente, su cuerpo se torna rígido, pierde el conocimiento y sus ojos se ponen en blanco. Al cabo de unos momentos, aparecen las sacudidas en los miembros y la cara. La crisis dura desde unos segundos a unos pocos minutos y luego el niño cae en un sueño profundo.

Algunas convulsiones se desencadenan por un estado febril y se las conoce con el nombre de *convulsiones febriles*, *hiperpiréticas* o *hipertérmicas* y constituyen en un síntoma más de un proceso infeccioso. Tienen tres características principales: no duran más de 15 minutos, ocurren sólo una vez durante un período de 24 horas y atacan tanto el lado derecho como izquierdo del cuerpo. Las convulsiones que no cumplen estos tres criterios no son convulsiones febriles y pueden ser un signo de epilepsia. Igualmente, en todos los casos, se debe consultar al médico. Pero, antes de hacerlo, será imprescindible atender la convulsión en sí y cuidar al pequeño. Para ello lleve al niño a un lugar donde no pueda lastimarse, permanezca con él, aflójele la ropa (especialmente la del cuello y la cintura) y colóquelo de costado para evitar que se ahogue en caso de que vomite. Cuando la convulsión haya pasado, refresque al bebé con paños fríos sobre su cuerpito o mediante un baño con agua a temperatura 1 o 2 grados por debajo de su temperatura corporal y suminístrele el medicamento contra la fiebre que le haya sido recomendado por el médico.

Crup

El crup es una enfermedad infecciosa que afecta las vías respiratorias superiores y los niños pequeños suelen ser más susceptibles a ella a partir de los 6 meses. Los principales síntomas son, durante los 2 primeros días, similares a un resfrío pero luego se suma una tos muy áspera acompañada de un sonido sibilante al inspirar, y voz o llanto roncos. En general, basta con tratar al niño como si tuviera un resfriado normal. Muchas veces, el vapor ayuda y es bueno sentarse con el bebé durante 1/2 hora en el baño con la puerta cerrada y la ducha caliente abierta. Si el pequeño parece tener dificultades para respirar, está morado alrededor de la boca, babea y tiene mucha dificultad para tragar o emite ruidos cada vez más fuertes al respirar, llame sin demora al médico.

Dermatitis de pañal

Se trata de un problema muy frecuente en los bebés, especialmente durante los dos primeros años de vida, pero es más común en los niños alérgicos o de piel muy sensible. Su origen está en la humedad, el calor y el roce que se produce en la zona del pañal, debido a las heces y la orina allí acumuladas. La erupción puede variar e ir desde una leve mancha roja en el área de las nalgas hasta piel húmeda con eventuales ampollas, pústulas o granos. Además, la erupción puede infectarse. Para evitarla cambie los pañales tan frecuentemente como le sea posible, evite limpiar la zona con toallas húmedas y prefiera un jabón suave, agua y aceite o loción para bebés y aplique una crema especial o con caléndula, pero nunca con antibióticos o corticoides si no han sido indicadas por el médico. Tenga en cuenta que el mejor ungüento es el óxido de zinc, que permite proteger la piel del roce y del contacto con sustancias irritantes.

Deshidratación aguda

Se conoce con este nombre a la pérdida de agua corporal resultante de la transpiración excesiva, los trastornos digestivos (tales como vómitos y/o diarrea) o la falta de hidratación por vía oral. Los signos en un bebé pequeño son los siguientes: su comportamiento se torna apático e –incluso– somnoliento, está visiblemente pálido y emite débiles gemidos. Una prueba simple y terminante al respecto es la denominada *persistencia del pliegue cutáneo*: si usted aprieta suavemente entre sus dedos la piel del abdomen del niño y el plegamiento tarda en borrarse y en recuperar su forma anterior, eso indica sequedad de piel lo cual es signo de una deshidratación considerable.

Si usted ya ha comprobado la deshidratación o, la sospecha, actúe en consecuencia: rehidrate al pequeño haciéndole beber líquidos azucarados o salados en pequeñas cantidades y a intervalos cortos. Tenga en cuenta que para que la rehidratación resulte eficaz es necesario que tome un mínimo de 200 g. de líquido por kg. de peso por día. O sea: un bebé de 7 kg. deberá beber un mínimo de 1400 g. de agua al día. Una opción muy eficaz es la terapia de rehidratación oral: se trata de darle de beber ciertas diluciones especiales que combinan azúcar y sales minerales que pueden mejorar la absorción de líquidos en el intestino. En estos casos, se le dan pequeñas cantidades del líquido de rehidratación a temperatura ambiente a intervalos de 15 o 30 minutos.

Si ese tratamiento no es suficiente o el niño se niega a beber (cosa que puede suceder) deberá llamar al médico para que lo rehidrate por vía intravenosa o a través de una sonda nasogástrica.

Diarrea

En la diarrea, las deposiciones resultan más frecuentes que lo normal y, sobre todo, cambia su consistencia que puede ir de blanda a absolutamente líquida. En general, suele ser un síntoma de alguna otra dolencia: una infección intestinal, alguna intoxicación alimentaria, o algún proceso viral. A continuación, ofrecemos información acerca de cuándo debe considerarse que se está ante un caso de diarrea, qué hacer para evitarla y cómo proceder.

- Cuando el bebé es alimentado exclusivamente a pecho es normal que tenga entre 5 o 6 deposiciones diarias de consistencia blanda. Eso no debe ser motivo de tratamiento mientras el niño crezca y engorde a un ritmo normal (lo cual deberá ser siempre determinado por el pediatra). Sin embargo, es posible hacer que las heces se tornen un tanto más consistentes eliminando de la dieta materna los alimentos de acción laxante tales como ciruelas, remolachas y espinacas.

- En el bebé que no toma pecho, ya sea porque es alimentado a biberón o porque ya ha comenzado a incorporar alimentos sólidos, toda diarrea debe ser motivo de atención y cuidado desde un primer momento. Cuando el pequeño tiene varias deposiciones muy blandas o líquidas en algunas horas, amén de que no presente ningún otro síntoma, la consulta al médico debe ser inmediata. Mientras tanto se le deberá administrar una dieta líquida, abundante y sin leche. Resultan especialmente recomendadas el agua azucarada, el agua de arroz y la sopa de zanahoria.
- Asimismo, se pueden tomar algunas precauciones para minimizar los riesgos de que su hijo sufra diarrea. Ellas son:
    - Siga estrictas reglas de higiene en la preparación del biberón y, luego, de las comidas. Muchas diarreas son fruto de intoxicaciones alimentarias que pueden evitarse con la adecuada limpieza de los alimentos.
    - Evite que el bebé tome contacto con cualquier persona que sufra una infección, por leve que ésta sea o pueda parecerle. Un forúnculo o un resfrío son causas suficientes para que el bebé permanezca alejado de la persona en cuestión.
    - Ante los primeros síntomas de diarrea, interrumpa la ingesta de cualquier alimento lácteo, a excepción de la leche materna.

Y siempre que el bebé sufra algún episodio de diarrea proceda según se indica en el tópico "Deshidratación aguda" de este mismo capítulo.

Estreñimiento

Cuando existe estreñimiento, las deposiciones se tornan secas y duras y, como consecuencia de ello, a menudo están fragmentadas. Las causas son varias: a veces, es provocada por la fiebre pero, en general, suele ser consecuencia de una alimentación inadecuada. Veamos que hacer en cada caso:

- En general, cuando el niño lacta está a resguardo de sufrir estreñimiento, pero lo cierto es que a veces sucede. En esos casos pueden estar pasando dos cosas. Una de ellas es que la cantidad de leche materna que ingiere sea insuficiente, con lo cual habrá que completarla con uno o más biberones, según indicaciones médicas. Otra posibilidad es que el estreñimiento materno pase al pequeño a través de su leche. En ese caso, usted deberá tomar alimentos para solucionarlo (ver más abajo o consultar el tópico "Estreñimiento" en el capítulo 5 de este volumen) evitando en todo momento tomar laxantes o purgantes.
- En cambio, en un bebé alimentado a biberón el estreñimiento suele ser un problema frecuente. Lo primero que debe hacerse es asegurarse de haber seguido de forma correcta las prescripciones para preparar la leche. A veces, colocar una cantidad insuficiente de agua puede ser la causa. Si, una vez que está segura de preparar la leche con la cantidad correcta de agua, el problema continúa, consulte al médico.
- Cuando se le retira al pequeño la leche materna y comienzan a incorporarse otros alimentos a la dieta, es posible que empiece a sufrir estreñimiento, de manera crónica o que tenga episodios. ¿Cómo remediarlo? Básicamente, a través de la dieta.
  - Prefiera alimentos ricos en fibra (verduras, frutas y cereales integrales), yogurt en lugar de leche, restrinja el chocolate y la carne y, muy especialmente los quesos, sobre todo los duros. Asimismo, reemplace la manteca o margarina por aceite de oliva crudo.
  - Algunas comidas especialmente efectivas para combatir el estreñimiento son la compota de ciruelas, la ensalada de remolacha y la espinaca, tanto cruda como cocida.
  - Y por supuesto, cuanta mayor cantidad de líquido ingiera, mejor.

No deje que su pequeño pase más de dos días sin evacuar y, si eso sucede, recurra a alguna medida de emergencia como, por ejemplo, colocarle un supositorio de glicerina. Y, si a pesar de la dieta indicada el estreñimiento no cede, consulte al médico.

Fiebre

Se considera que existe fiebre cuando la temperatura corporal supera los 37º y, si bien puede reconocerse a través de sudoración o por la piel colorada, lo mejor es asegurarse utilizando un termómetro. Este ascenso de temperatura significa que el cuerpo está librando una batalla contra algún agresor: un virus, una bacteria, etc. Sin embargo, en algunos casos, las cosas son más simples y la presencia de una temperatura más alta que la normal simplemente significa, por ejemplo, que el pequeño se encuentra en un ambiente con calefacción excesiva.

Algo a tener en cuenta es que, en los niños, la temperatura se eleva de manera más rápida y en mayor medida que en los adultos, sin constituir esto un signo de alarma, a menos que vaya acompañada por otros síntomas o que supere los 39º. Por supuesto, en esos casos se impone la pronta consulta al médico, pero si su hijo sólo tiene algunas líneas por encima de los 37°, seguramente bastará con darle de beber abundante líquido, vestirlo con ropas livianas y sueltas, y mantenerlo en un ambiente aireado y fresco. Si el médico lo ha autorizado, también podrá suministrarle algún medicamento tal como ibuprofeno o paracetamol, no aspirina (ver recuadro correspondiente). Si después de 1 o 2 horas de haber tomado esas medidas, la fiebre no cede o baja muy poco, coloque al pequeño en una bañera con agua tibia hasta la cintura y vaya enfriándola paulatinamente con agua fría, mientras frota el cuerpo del bebé con un paño embebido en esa agua. ¡Atención! Si el bebé comienza a experimentar temblores o a tener piel de gallina, retírelo inmediatamente del agua y envuélvalo en una toalla.

Aun en caso de que no exista algún otro síntoma, igualmente será prudente que consulte al médico si:

- *La temperatura se eleva por encima de los 39º.*
- *No llega a los 39°, pero se extiende por más de 3 días con un poco más de 37º por la mañana y 38º por la tarde.*
- *En el transcurso de una enfermedad ya detectada y diagnosticada la fiebre comienza a elevarse.*

Golpe de calor

Los bebés pequeños, así como los ancianos, conforman la población más vulnerable al denominado *golpe de calor*. Se conoce con ese nombre a una forma peculiar de deshidratación que se produce, principalmente, debido a la transpiración abundante, esto en general sucede durante el verano, cuando la temperatura ambiente es muy elevada. Si la pérdida de líquido no es compensada en tiempo y forma, la transpiración disminuye, la deshidratación se instala y la temperatura corporal comienza a elevarse, con los riesgos que ello conlleva. En una primera instancia, sus síntomas son: transpiración abundante, sed intensa y agitación. Luego, el pequeño se deshidrata rápidamente y su temperatura comienza a elevarse, pudiendo superar los 40º. ¿Qué hacer? Primero refresque al niño de todas las maneras que estén a su alcance: desnúdelo, llévelo al lugar más fresco al que tenga acceso, póngalo frente a un ventilador, colóquele paños de agua fresca sobre el cuerpo, etcétera. Eventualmente, también podrá refrescarlo mediante la aplicación de bolsas de hielo. Luego, déle de beber abundante líquido frío y, si ha comenzado a levantar temperatura, adminístrele algún medicamento contra la fiebre en la dosis recomendada para su edad. Si no logra hacer descender la temperatura por debajo de los 38°, llame al médico.

Gripe

La gripe es una infección de origen viral altamente contagiosa que ataca el aparato respiratorio y afecta a todas las edades, si bien suele ser de más cuidado entre los niños pequeños y los ancianos. Para estar seguro de que un niño tiene gripe debe hacerse un diagnóstico médico, ya que muchas enfermedades infantiles tienen síntomas similares a un estado gripal. Estos son: escalofríos, pérdida de apetito, fiebre, rubor en la cara, tos y eventualmente, diarrea y vómitos.

Para evitarla, es bueno mantener a su bebé lejos de lugares cerrados y con mucha gente (por ejemplo, los shoppings) y, sobre todo, evitar el contacto con personas que ya la están sufriendo.

No existe un remedio específico para la gripe pero, una vez que el médico haya confirmado que se trata de esa dolencia, será fundamental que no deje de darle el pecho si lo está haciendo. Asimismo, pregúntele al pediatra qué otros líquidos puede administrarle y ofrézcaselos al pequeño para que tome todo lo posible y manténgalo en un ambiente tranquilo, ya que el reposo es de gran utilidad para su recuperación.

Ictericia

La mayoría de los bebés sufre una decoloración amarillenta de la piel y del blanco de los ojos que se produce aproximadamente en el tercer día de vida. A ello se lo conoce como *ictericia fisiológica* o *ictericia del recién nacido,* y se debe a la falta de maduración del hígado para procesar de manera adecuada ciertos cambios circulatorios, lo que hace que algunos desechos se acumulen en la sangre y determinen ese tono amarillento.

Lo normal es que la ictericia desaparezca por completo a los 7 días y, en los bebés prematuros, a los 14.

Sin embargo, en algunos casos la ictericia permanece y eso puede ser indicio de una enfermedad grave, pero curable, del hígado. En esos casos, el médico determinará qué pruebas deben efectuarse.

Otitis

La otitis es una infección del oído que puede ser causada por diferentes virus y bacterias y, en muchos casos, tiene lugar luego de un resfrío. Produce una molestia verdaderamente importante en ese órgano. Por eso es posible que su bebé la esté sufriendo si llora a menudo y frota la cabeza contra la almohada o se tira del lóbulo de la oreja. Eventualmente, también va acompañada de vómitos, diarrea o de un líquido que sale por los oídos. Una infección de este tipo debe ser diagnosticada y tratada por un médico. Si sospecha que su hijo la padece, llame al profesional y siga sus indicaciones.

Resfrío

El resfrío o resfriado es una infección de las vías respiratorias superiores causada por un virus. Se transmite de una persona a otra por proximidad (a menudo al toser o estornudar) y los bebés son especialmente sensibles a esta infección, ya que su sistema inmunológico no estará plenamente desarrollado hasta los 5 años de edad. Los síntomas, que duran entre 3 y 4 días son: nariz tapada, ojos acuosos, tos, estornudos y unas líneas de fiebre. Si bien en general suele tener una evolución simple y favorable, en el lactante puede acarrear trastornos tales como dificultad para alimentarse y sueño intranquilo. ¿Qué hacer en términos de prevención y curación? Para prevenir un posible resfrío será importante que usted se lave las manos antes de tocar al bebé, ya que éstas constituyen importantes vías de transmisión de virus y bacterias. Una vez instalado el resfrío, dado que se trata de una infección viral, los antibióticos no resultan efectivos y sólo queda acompañar el proceso que tiene lugar y minimizar sus molestias. Para ello, desobstruya la nariz del pequeño aplicándole gotas de suero fisiológico, coloque recipientes con agua sobre la calefacción o las hornallas de la cocina para humidificar el ambiente y, en caso de ser necesario, dé al niño algún medicamento contra la fiebre (paracetamol o ibuprofeno). Si el resfrío se extiende por más de una semana o la fiebre supera los 39°, llame al médico.

Roséola

También conocido como *exantema súbito*, es una enfermedad infantil ocasionada por un virus que afecta principalmente a los niños con edades comprendidas entre los 6 meses y los 3 años de edad. Su duración aproximada es de una semana y los síntomas incluyen fiebre elevada (39,5°), erupción en la zona del pecho, estómago y espalda (eventualmente, se extiende a brazos y cuello), inflamación de las glándulas del cuello, disminución del apetito y diarrea leve. Aunque muy pocas veces reviste gravedad, conlleva riesgo de convulsiones febriles, en especial durante la fase inicial cuando la temperatura sube rápidamente. La roséola dura alrededor de una semana. El tratamiento principal consiste en hacer bajar la fiebre (ver tópico "Fiebre" en este mismo capítulo) y en que el niño repose más de lo habitual.

Sarampión

Se trata de una enfermedad de origen viral altamente infecciosa que suele aparecer durante la infancia, especialmente a partir de los ocho meses de vida, ya que hasta ese momento el bebé conserva los anticuerpos maternos.

Los primeros síntomas, que duran 3 o 4 días, son similares a los de un resfrío fuerte: fiebre, secreción nasal, lagrimeo y tos muy intensa. Al cabo de algunos días con esta sintomatología, aparece la erupción que consiste en pequeñas manchas rojas que comienzan detrás de las orejas, en la cara y en los miembros, y luego se extienden al resto del cuerpo. Algunos niños pueden presentar también ganglios inflamados o fotofobia (sensibilidad extrema a la luz). La temperatura desciende rápidamente, y al cabo de 4 o 5 días, la erupción desaparece.

¿Qué hacer con un niño enfermo de sarampión? Se trata de una dolencia que no tiene tratamiento específico pero, igualmente, si sospecha que su hijo puede tenerla, llame al médico para que le indique qué hacer exactamente. Seguramente, le recomendará reposo, administración de paracetamol o ibuprofeno si la fiebre es muy alta o resulta molesta para el niño, y la ingestión de gran cantidad de líquidos.

A pesar de que en los últimos años las vacunaciones han reducido mucho el número de casos, el sarampión sigue siendo una enfermedad peligrosa ya que aproximadamente 1 de cada 15 niños afectados desarrolla complicaciones. La vacuna puede ser administrada a partir del año de edad.

Varicela

La varicela es una enfermedad altamente contagiosa que se transmite a través del aire o por el contacto directo con objetos infectados.

Se caracteriza por una erupción cutánea que, generalmente, comienza en la zona del tronco y puede llegar a invadir todo el cuerpo. En algunas ocasiones va acompañada de malestar general, decaimiento y fiebre. La duración de la erupción es variable y también lo es su aspecto y constitución. Al principio se trata de manchas, luego se convierten en pápulas, más tarde en ampollas y finalmente se forma una costra que se seca y cae.

Todo ese proceso lleva aproximadamente de 2 a 3 semanas. ¿Qué hacer mientras se desarrolla? Ante todo es fundamental que el niño no se rasque las zonas afectadas, ya que eso puede hacer que se produzca una infección o que quede una cicatriz de por vida. Por lo tanto, lo fundamental será minimizar el escozor para que el pequeño no sienta necesidad de rascarse. Para ello, pídale al médico que le recete una loción o polvo sedante y vístalo con ropa suave que no irrite su piel. Cuando lo bañe, hágalo con agua lo más fría posible y añádale unas cucharadas de bicarbonato de sodio. También, corte al ras las uñas del pequeño y límpielas con alcohol, y lávele las manos con jabón ácido. De esa manera minimizará aún más las posibilidades de que se produzca una infección.

Vómitos

Los vómitos no son una enfermedad en sí, sino un síntoma posible de múltiples dolencias, generalmente de carácter infeccioso: otitis, intoxicación alimentaria, meningitis, infección urinaria, etcétera. En los casos que acabamos de mencionar es común que los vómitos vayan acompañados de fiebre y diarrea.

Pero existen otros dos casos que merecen ser mencionados y explicados. Uno de ellos es cuando los vómitos están acompañados por fiebre y estreñimiento, y el niño se niega a tomar líquido. En este caso se puede estar ante un caso de oclusión intestinal.

Otro caso muy habitual (especialmente entre los bebés) es el de los vómitos repetidos por reflujo gastroesofágico, o sea, como consecuencia del mal funcionamiento de la zona de unión entre el estómago y el esófago que hace que el contenido del primero fluya hacia arriba.

¿Qué hacer, entonces, si su bebé tiene vómitos? Todo depende del caso.

En los dos primeros (vómitos con fiebre y diarrea, por un lado, y vómitos con fiebre y sin eliminación de materia fecal, por el otro) deberá consultar al médico de forma inmediata.

En el tercero (vómitos repetidos por reflujo esofágico) no deje de darle el pecho, si lo está haciendo, pero, si además su hijo ya ha comenzado a ingerir otros alimentos, intente que éstos sean lo más sólidos posible y mantenga al pequeño en posición vertical, durante y después de las comidas para evitar la regurgitación.

En cualquiera de los tres casos descritos evite que el niño se deshidrate.

Tos

La tos es un mecanismo de defensa que le permite al organismo expulsar cuerpos extraños. Es posible distinguir distintos tipos y cada uno de ellos requiere diferentes cuidados.

Una tos sin fiebre –especialmente si es seca y espasmódica– puede ser signo de alguna enfermedad alérgica como, por ejemplo, el asma. En estos casos, se debe consultar al médico aunque no es necesario que lo haga de manera urgente.

La tos acompañada de fiebre es casi siempre signo de algún tipo de infección y, como toda vez que aumenta la temperatura corporal (especialmente si supera los 39°), se debe consultar al pediatra, en este caso, a la brevedad.

Si la tos aparece de manera repentina durante el día, produce ahogo y no se acompaña de ningún otro síntoma, es posible que el pequeño haya tragado algún cuerpo extraño. Cerciórese de ello golpeándole la espalda para animarlo a toser, de modo que pueda expulsarlo.

Por último, la tos que sobreviene durante la noche suele tener origen en la acumulación y estancamiento de secreciones propias de un resfrío, tales como el moco en las vías respiratorias. En estos casos, lo más conveniente es colocar al bebé erguido ya que la postura horizontal favorece la obstrucción.

Niños y medicamentos: un vínculo de cuidado

En algún momento, su hijo deberá tomar alguna medicina y usted deberá ser muy cuidadosa al respecto, ya que hacer un mal uso de los medicamentos entraña un riesgo importante. A continuación, una serie de consejos para que las medicinas resulten siempre benéficas:

- **Jamás le dé a su hijo un medicamento si éste no ha sido prescripto por su pediatra.** Desoiga de manera absoluta cualquier recomendación al respecto que pueda hacerle una amiga, un familiar o cualquier otra persona.
- Nunca le dé una dosis mayor que la indicada por el médico.
- Jamás use medicinas para adultos en niños, ni siquiera en dosis inferiores.
- Nunca dé a su hijo una medicina recetada para otra persona, aunque esa otra persona tenga un niño de la misma edad.
- Cuando su hijo sea aún un bebé muy pequeño que no ingiere comida con una cuchara, usted podrá colocar los medicamentos en una jeringa (de las que se expenden en las farmacias) introduciéndola en su boquita (obviamente sin la aguja) y apretando el émbolo lentamente.
- Utilice siempre el dosificador que se halla en la tapa, la cuchara o la jeringa que se suministra con el medicamento.
- Avise inmediatamente al médico si su hijo sufre una reacción que usted supone es fruto del remedio.
- Termine siempre el período recomendado de administración del medicamento (especialmente en el caso de los antibióticos) aun cuando el niño haya mejorado.
- Asegúrese de que todas las medicinas estén siempre fuera del alcance de los niños.
- No se comporte con el niño como si las medicinas fueran golosinas.

Por qué no debe suministrarle aspirinas a su hijo

Años atrás era muy común utilizar aspirinas especialmente formuladas para niños ante casos de fiebre, decaimiento, etc. Sin embargo, hoy en día se considera que este medicamento está totalmente contraindicado para los pequeños ¿Por qué razón? Algunos estudios recientes muestran que parece existir una relación entre la ingesta de aspirinas en niños menores de 12 años y el síndrome de Reye, extraña enfermedad que afecta el balance químico del cuerpo y puede ocasionar daño cerebral, renal y hepático. Si bien el vínculo entre consumo de aspirinas y enfermedad no está probada, lo mejor es prevenir y administrar ibuprofeno o paracetamol.

Cómo evitar accidentes

Cuando su hijo camine y comience a desplazarse (cosa que sucederá aproximadamente al año de edad) deberá tomar muchas precauciones al respecto para evitar accidentes. Hasta ese momento, las medidas que detallamos a continuación suelen ser suficientes para cuidarlo de un desagradable accidente:

- No deje a su bebé solo en la cama, el cambiador o cualquier otro lugar desde donde pueda caerse.
- No deje **jamás solo ni por un segundo** a su bebé en el agua.
- Tampoco lo deje solo en el coche.
- Pruebe siempre la temperatura de los líquidos o sólidos que vaya a ingerir el bebé.
- Haga otro tanto con el agua del baño.
- No transporte líquidos o comidas calientes mientras tiene en brazos a su bebé.
- Evite el uso de andadores.
- Elija siempre calefacción con tiro balanceado y trate de no calefaccionar los ambientes donde se encuentra el bebé con calentadores o estufas que carezcan de ventilación al exterior.
- No le dé infusiones de hierbas. Pueden resultar muy tóxicas.

- No permita que entre en contacto con objetos de menos de 5 cm. Podría ponérselos en la boca y ahogarse.
- No le dé el biberón acostado.
- Evite que entre en contacto con bolsas de plástico. Han sido motivo de ahogo para más de un infortunado pequeño.

Desinfectar para la seguridad del bebé

¿Es necesario usar potentes limpiadores con desinfectante y dejar la casa radiante una vez al día? ¿Cuántas veces debo limpiar sus juguetes para que éstos no constituyan peligro alguno para el pequeño? ¿Debo lavar la bañera del bebé de alguna manera en especial? Estas y otras preguntas que usted pueda hacerse, se responden en este recuadro. Algo importante: siempre que se menciona la expresión "solución de agua con lavandina" se refiere a 1 taza de lavandina en 5 litros de agua.

Silla de Comer: *lávela y cepíllela bien con agua jabonosa 3 veces por semana y desinféctela luego con solución de agua con lavandina. Enjuague bien y déjela secar.*
Pisos: *para desinfectar los pisos donde juega su hijo utilice solución tibia de agua con lavandina y hágalo como mínimo una vez a la semana.*
Bañera: *límpiela semanalmente con una esponja con agua y detergente y luego aplique solución de agua con lavandina. Enjuague bien.*
Juguetes: *lávelos semanalmente con agua jabonosa tibia, frótelos bien y enjuáguelos con agua fría. Luego, déjelos de 10 a 20 minutos en solución de agua con lavandina. Enjuague bien y deje secar.*
Chupete: *cuando se caiga al suelo enjuáguelo en agua segura (corriente o con 2 gotas de lavandina por litro). Una vez por semana sumérjalos 15 minutos en solución de agua con lavandina, enjuague muy bien y deje secar.*

CAPÍTULO 14

La alimentación del bebé

La leche materna es el mejor alimento que usted puede ofrecer a su bebé recién nacido. Ésta contiene **todo** lo que su pequeño hijo necesita y, tal como especificamos más abajo, los beneficios de la lactancia (tanto para usted como para su pequeño) son múltiples e importantes.

La recomendación es que le dé el pecho durante un mínimo de 6 meses a partir del nacimiento, alimento que en principio será único y que podrá combinarse con otros a partir del segundo o tercer mes. ¿Hasta cuando continuar? No se puede estipular un momento de manera terminante. Entre los 6 meses y los 2 años se podrá proceder al destete que deberá ser siempre progresivo.

Ventajas de la lactancia

Para su bebé:

- Es nutricionalmente superior a cualquier otra alternativa, debido a que se trata de un alimento "fabricado" especialmente a la medida de los bebés humanos. Por ello, contiene la cantidad exacta de vitaminas, minerales y otros nutrientes que necesita un recién nacido.
- Precisamente por ser el alimento creado especialmente para los bebés humanos, éstos lo digieren con mucha facilidad.

- No tiene fecha de caducidad.
- Resulta bacteriológicamente 100 % segura, sin pasar por ningún complicado sistema de asepsia.
- Proporciona inmunidad ante enfermedades e infecciones virósicas y bacterianas, ya que estimula el desarrollo inmunológico del lactante.
- Aumenta la eficiencia de las vacunas.
- Disminuye notablemente los riesgos y ayuda a la recuperación de:
  - Infecciones intestinales y diarreas
  - Infecciones urinarias
  - Infecciones de las vías respiratorias
  - Meningitis
  - Estreñimiento
- Facilita la evolución de los bebes prematuros.
- Evita o reduce notablemente el riesgo de sufrir alergia en caso de existir una predisposición genética.
- Estimula un crecimiento psicofísico más armónico.

Para usted:

- Está siempre lista para tomar y, contrariamente al biberón, no necesita de ningún tipo de preparación.
- Se encuentra siempre a temperatura ideal.
- Ahorra el tiempo y el dinero que se gastan en la preparación de biberones.
- Ayuda a una involución uterina más rápida. Al amamantar, se libera una hormona llamada oxitocina que estimula el retorno del útero al tamaño anterior al embarazo.
- Debido al aumento del gasto de calorías en la producción de leche, se produce una eliminación más rápida de los depósitos grasos. Es decir que facilita la pérdida de peso.

Para ambos:

- Facilita la unión psicológica madre-hijo.

Composición de la leche materna

La primera leche que se produce en el organismo se denomina *calostro.* Se trata de un líquido amarillento y acuoso que es segregado en las últimas semanas del embarazo y que se adecua perfectamente a las necesidades del recién nacido. Básicamente, es un fluido rico en proteínas y anticuerpos. Tiene un efecto protector sobre la mucosa gástrica del recién nacido y es levemente laxante, lo que ayuda a limpiar el aparato digestivo del bebé de lo ingerido en su época intrauterina (células, lanugo, líquido amniótico, etc.) Por eso, facilita la expulsión de *meconio,* heces verdosas y pegajosas que se producen en los primeros días de vida. Asimismo, el calostro favorece el desarrollo de enzimas gástricas necesarias para la posterior digestión de la leche, provee de anticuerpos maternos y ayuda a establecer un adecuado equilibrio bacteriano en el intestino.

Luego del calostro, sobreviene la *leche de transición.* Como su nombre lo indica, es la secreción que se produce entre el calostro y la leche madura. Aparece unos días después del parto y su contenido en grasas, vitaminas y calorías es mayor que el del calostro, pero con menos proteínas y anticuerpos que éste.

Finalmente, se segrega la *leche madura* que le aporta al niño todas las sustancias nutritivas que necesita para su normal desarrollo y crecimiento. Su composición es la siguiente:

- **Agua:** mayor componente de la leche materna (85-90%) sirve a modo de "vehículo" para transportar los nutrientes, además de cumplir la fundamental misión de hidratar al bebé.
- **Proteínas**: cumplen una función esencial en el sistema inmunológico. La *lactoalbúmina* y la *caseína* son las proteínas propias de la leche humana.
- **Grasas:** favorecen el proceso digestivo, producen calorías y ayudan al crecimiento.
- **Hidratos de carbono**: ayudan a que el bebé absorba calcio y al crecimiento cerebral. La lactosa –una especie de azúcar– es la forma primaria de carbohidrato en la leche materna.

- **Vitaminas y minerales:** contiene una amplia variedad de estos componentes que resultan absolutamente imprescindibles para el desarrollo del bebé.

Alimentación de la mujer lactante

Como no podía ser de otra manera, los alimentos (y otras sustancias) que usted incorpore tendrán un papel decisivo en la producción de leche. De ellos dependerá tanto el tipo, como la cantidad y el sabor. Por tanto, su alimentación deberá ser lo suficientemente nutritiva como para que pueda conservarse activa y saludable a pesar del notable esfuerzo que supone producir leche.

Algunos consejos a seguir son:

- Tal como lo dijimos anteriormente, el agua es el mayor componente de la leche materna. Por eso, su ingesta es fundamental. Lo mejor es beber aproximadamente 3 litros diarios.
- La alimentación debe ser lo más variada posible, completa y equilibrada. Una dieta similar a la que llevó durante el embarazo es una opción recomendable, pero agréguele además alimentos ricos en calcio: productos lácteos, sardinas con hueso y semillas de sésamo.
- Las bebidas alcohólicas están especialmente contraindicadas ya que la concentración de alcohol en la leche será igual que en su sangre.
- Modere el consumo de bebidas excitantes (café, té, refrescos con cafeína como las bebidas colas) y evite el tabaco. Pasan a la leche y resultan nocivos por demás para el pequeño.
- Excluya de la dieta los alimentos que proporcionen mal sabor a la leche: ajo, cebolla, rábanos, espárragos, repollo, coliflor, repollitos de Bruselas y especias en general.
- Consulte con su médico o con el pediatra antes de tomar cualquier medicamento aunque sea de venta libre.
- Si nota que su bebé sufre alguna molestia digestiva o una reacción alérgica después de que usted haya comido determi-

nado alimento, elimínelo de su dieta por un par de días y observe si hay mejorías.

- Las madres adolescentes y las madres mayores pueden necesitar una dieta especial. En esos casos, lo mejor es pedir consejo profesional.

Cómo dar el pecho por primera vez

- Lo más conveniente es que la primera comida se realice lo más pronto posible después del parto, inclusive en los segundos posteriores de dar a luz y antes de proceder al corte del cordón umbilical. Esto evitará que la leche se acumule. En caso de que la idea de amamantar le provoque algún tipo de temor o ansiedad, solicite la ayuda de personal experimentado para que la ayude.
- Colóquese en una posición cómoda, con el cuerpo del bebé contra el suyo y sosteniéndolo con el brazo correspondiente al mismo pecho con que empezará a dar de mamar.
- Con la mano libre, tome el pecho por detrás de la areola sin tocarla, colocando el pulgar por arriba y los restantes dedos debajo.
- Comprima el pecho haciendo una presión leve pero sostenida con el pulgar y el índice.
- Coloque la boca del bebé sobre su pezón.
- Si el pequeño no abre la boca o si lo hace, pero no logra encontrar el pezón, estimúlelo frotando el pezón contra sus labios.
- Asegúrese de introducir la mayor parte posible de la areola en la boca del bebé. Una buena manera de comprobarlo es sentir la nariz del niño contra su pecho.
- Tenga en cuenta que siempre hay leche en las dos mamas y, por lo tanto, lo mejor es utilizar ambas en cada comida, comenzando siempre por la que se encuentra más llena.
- Deje que el bebé succione el primer pecho todo el tiempo que quiera, el cual será posiblemente de entre 10 y 15 minutos.

- Cuando el pequeño haya terminado su alimentación en un pecho, dejará de succionarlo y se apartará de él. Aproveche ese momento para cambiarlo al otro.

Cómo continuar dando el pecho

- En los primeros tiempos, lo mejor es darle de mamar al bebé cada vez que sienta hambre y reclame alimento. Es probable que esto implique darle el pecho una vez por hora o, a intervalos de 2 o 3 horas. A medida que el tiempo transcurra, el niño tomará más leche en cada comida y, como consecuencia, éstas se volverán más espaciadas en el tiempo.
- Cuide extremadamente la higiene. Antes de dar el pecho, lave muy bien sus manos y luego pase un algodón embebido en suero fisiológico sobre sus pezones.
- Elija siempre un lugar silencioso y tranquilo para hacerlo. Eso hará que su bebé coma de manera tranquila y libre de tensiones, lo cual asegurará una mejor digestión.
- Déle de mamar siempre en una posición que le resulte cómoda, ya sea acostada, recostada o sentada. Si se encuentra mal instalada, no tardará en cansarse.
- Evite las tomas demasiado prolongadas. Si se extienden más de lo debido, es posible que el bebé mordisquee el pezón sin intenciones alimentarias y eso le producirá a usted molestias y hasta lastimaduras.

El cuidado de los senos

Durante los meses que durará la lactancia es importante que usted tome una serie de precauciones para evitar inconvenientes, como pezones agrietados y doloridos, etc. La idea es que la lactancia sea algo tan placentero para usted como para su bebé. Para ello:

- Use sostenes especialmente diseñados a tal fin. Los corpiños de maternidad están especialmente pensados para eso.

- Utilice protectores descartables sobre las areolas y cámbielos cada vez que sea necesario. Mantendrán las areolas secas y eso conservará su ropa limpia y, lo que es más importante, esa ausencia de humedad minimizará la posibilidad de que se produzcan grietas.
- Higienice diariamente sus senos y pezones con agua tibia, pero sin jabón.
- Para secarlos, no los frote ni aún en forma leve. Déle suaves golpecitos con una toalla muy seca o, mejor aún, utilice un secador de pelo con aire no muy caliente.
- Después de amamantar mantenga los senos al aire libre por unos momentos.

Verdadero o falso: mitos acerca de la lactancia

- ***Los disgustos agrian la leche***

Falso. Los estados de ánimo no influyen en el sabor de la leche materna: ni los disgustos la agrian ni las alegrías la tornan más dulce.

- ***Algunos alimentos ingeridos por la madre varían el sabor de la leche.***

Verdadero. Tal como explicamos anteriormente, los alimentos ingeridos influyen en el sabor de la leche y algunos hasta le dan un gusto desagradable.

- ***Hay leches buenas y leches malas***

Falso. La leche varía muy poco de una madre a otra.

- ***Las mujeres con poco pecho dan mal de lactar***

Falso. El volumen de una mama está directamente relacionado con la cantidad de grasa y los conductos que transportan la leche son comunes a todas las mujeres y no varían mucho de una a otra.

Posibles problemas durante la lactancia

Si bien dar el pecho no supone desventajas de ningún tipo, sí es cierto que algunas veces pueden surgir inconvenientes. En general, se trata de problemas que pueden solucionarse fácilmente. Ellos son:

- **Pezones inflamados y doloridos:** cuando el pequeño no ajusta su boca de manera correcta al pecho, la lactancia puede resultar dolorosa para la madre, ya que los pezones tienden a inflamarse o incluso a agrietarse. Para evitarlo:
  - Aplique una bolsa de hielo sobre la zona dolorida durante unos 5 o 10 minutos antes de amamantar y otro tanto al finalizar.
  - Alimente al bebé de manera frecuente y empiece siempre por el pecho menos dolorido.
  - Entre las tomas, utilice siempre pezoneras perforadas que mantienen sus pezones secos y evitan roces.
- Otras medidas al respecto consisten en dar de mamar de la siguiente manera:
  - Roce la boca del bebé con el pezón.
  - Procure que la lengua del bebé esté afuera y aproveche para introducirle el pezón y toda la areola que pueda.
  - No presione con los dedos en forma de tijera.
  - Si duele la mama, entonces, introduzca un dedo por la comisura. De esa manera su hijo abrirá la boca y usted podrá posicionar de nuevo la mama.
  - Nunca retire el pecho de la boca del bebe de manera brusca.
- **Conductos bloqueados:** algunas veces la leche se acumula en los conductos, generando obstrucciones y bloqueos que pueden detectarse a través de la presencia de zonas rojizas o hinchadas en la mama. Para evitarlo:
  - Amamante con frecuencia.
  - Comience a hacerlo siempre con el pecho que tiene el conducto bloqueado.

   - Si, aún después de amamantar, los pechos siguen con leche, extráigala con un extractor.
   - Masajee el área afectada en cualquier momento que pueda.
   - Aplique compresas húmedas y calientes durante unos diez minutos, dos o tres veces al día.
- **Mastitis:** si las mamas se muestran inflamadas, calientes al tacto o usted tiene fiebre, es muy probable que los pechos estén infectados. En estos casos, debe consultar al médico enseguida.

El destete

¿Durante cuánto tiempo se debe alimentar a pecho al bebé? No hay una respuesta única sino muchas posibles y saludablemente adecuadas a este interrogante. Tal como dijimos al principio de este capítulo, es muy importante que no sea antes de los 6 meses (para que usted termine de "pasarle" todas las defensas inmunológicas a su bebé) pero de allí en adelante la decisión de cuándo destetar a su hijo deberá ser tomada en base a diversas variables. Algunas de ellas son: qué tan a gusto se siente usted dando el pecho, de cuánto tiempo dispone para hacerlo (especialmente si ha retomado sus actividades laborales), si el niño ha incorporado otro tipo de alimentos que le permitan suplir los nutrientes esenciales que contiene la leche, etc.

Sin embargo, sea cual sea el momento, existen ciertas "reglas" para que el destete sea exitoso desde todo punto de vista. Ellas son:

- Cuando haya decidido destetar a su bebé, consúltelo con el pediatra. Es importante que éste avale su decisión, ya que es quien mejor conoce el estado de salud del pequeño.
- El destete debe ser siempre gradual, progresivo, ya que un cambio brusco al respecto, podría provocar alteraciones digestivas en el niño y congestión en los pechos maternos.
- Vaya reemplazando cada toma de pecho por otra de biberón, hasta hacer desaparecer las primeras.
- Tenga en cuenta que aunque el pediatra avale la decisión del destete, no es conveniente hacerlo en caso de producirse un calor intenso o epidemias.

La alimentación a biberón

En caso de que no quiera o no pueda amamantar, existe una serie de leches artificiales que si bien no son como la leche materna, son excelentes sustitutos. Para saber cuál es la que más conviene a su bebé, consulte con su pediatra. Asimismo, pídale que la asesore para saber cuando reemplazar la leche maternizada (como se denominan estas fórmulas) por la leche común.

Cuando prepare el biberón, hágalo de la siguiente manera:

- Lávese bien las manos.
- Esterilice el biberón, la rosca y la tetina hirviéndolos en agua durante unos 10 minutos.
- Hierva en un recipiente aparte el agua a utilizar para preparar la leche y déjela enfriar hasta que se entibie.
- Ponga el agua en el biberón y agréguele la dosis de leche en polvo que se indica en el envase o aquella que le haya sido especificada por el médico.
- Tape el biberón y agítelo enérgicamente para que se disuelvan los grumos.
- Antes de dárselo de beber al bebé, compruebe que la leche se encuentra a temperatura correcta. Para hacerlo, deje caer una gota sobre el dorso de su mano.

Precauciones para la preparación del biberón

La preparación de cada biberón (por trabajoso que pueda parecer o serlo) deberá empezarse de cero, esto es: no deje biberones ya preparados en la heladera, no aproveche lo que sobró de la toma anterior ni conserve en la heladera agua previamente hervida. Con cualquiera de esos procedimientos corre el riesgo de contaminar el alimento. Asimismo, entre toma y toma lave bien a fondo el biberón y la tetina con abundante agua y detergente.

Cuándo y cómo ir incorporando otros alimentos

- A partir del ***segundo mes*** usted podrá incorporar a la dieta de su bebé unas pocas gotas de algún cítrico (naranja, mandarina, etc.) disueltas en un poco de agua. Le aportarán vitamina C y harán que su hijo se vaya acostumbrando a sabores diferentes a los de la leche. Es fundamental que esas gotas de jugo sean naturales (no de jugo envasado) e ingeridas inmediatamente después de su extracción para que no pierdan sus nutrientes naturales. A medida que pasen los meses, esas gotas iniciales mezcladas con agua podrán convertirse en cucharadas de jugo solo y luego en saludables vasos.

- Entre los ***3 y 4 meses*** la maduración del sistema digestivo de su bebé le permitirá absober otros tipos de minerales, proteínas y vitaminas. Entonces, usted podrá incorporar en su alimentación *cereales* en forma de *harina*. ¿Cómo hacerlo? En un biberón lleno de leche muy caliente (lo suficiente como para que permita la cocción) disuelva una cucharada de harina, tápelo y agite hasta que se disuelva. Deje reposar hasta que la temperatura sea adecuada para el consumo. Varíe la harina que utiliza (arroz, trigo, maíz, centeno, etc.), eso hará que su hijo continúe con el aprendizaje de nuevos sabores, al tiempo que le asegurará la obtención de diferentes nutrientes.

- A partir del ***cuarto mes***, es tiempo de incluir *purés*. En principio, comience con dos cucharadas soperas de una preparación más bien aguachenta y, de manera progresiva, vaya aumentando lentamente la ración que se haga más sólida. Las verduras más recomendadas son zanahoria y zapallo, aunque la batata también es una buena opción. Bastará con cocer bien la verdura, triturarla finamente junto con una pequeña ración del agua de la cocción y agregarle un toquecito de aceite.

- A los *5 meses* puede comenzar la incorporación de alimentos ricos en proteínas, tales como el huevo y diversas clases de carnes. Cambios tan importantes deben ser introducidos paulatinamente para que el intestino del niño vaya haciendo su proceso de adaptación sin sufrir inconvenientes. Incorpore los alimentos de la siguiente forma:
  - *Carne* (vaca, pescado, cordero y pollo sin piel) *magra*, bien cocida y procesada. Comience con una o dos cucharaditas, dos veces a la semana mezclada con puré.
  - Yema de *huevo duro* picada y también mezclada con puré.
  - *Frutas*: 1/2 banana pisada, 2 cucharadas de puré de frutilla, 1/2 manzana rallada, etc. Tenga en cuenta que todas las frutas deben estar peladas y libres de carozos y semillas. Indistintamente, pueden consumirse crudas o cocidas.
  - Alterne una cucharada de *yogurt* con otro de *queso crema*.

- Entre los *6 y 7 meses* podrá agregar las siguientes preparaciones:
  - *Hígado de ternera* bien cocido y pasado por la procesadora.
  - *Sopa de verduras* licuadas, adicionada con pequeños *fideos*, *sémola* o *tapioca*.

- Durante el *8 mes* incorpore a la dieta del niño:
  - *Yema de huevo pasado por agua*, ya sea sola o mezclada en la sopa o el puré.
  - *Arroz* bien cocido (no al dente) con una pizca de aceite y aderezado con queso crema o gruyere rallado.

- Entre los *9 meses y el año*:
  - Incorpore *pan*, *tostadas* y *galletitas*. Podrá ofrecérselos solos o, si al niño le resultan más atractivos, combinados con algún queso crema, miel, jalea o mermelada.

CAPÍTULO 15

La estimulación del bebé

Al llegar al mundo su bebé ya posee millones de *neuronas* (células del sistema nervioso). Sin embargo, casi todas se encuentran desconectadas entre sí, aisladas. Y su verdadero poder sólo se manifestará cuando se interconecten y conformen las redes que dan origen al maravilloso mapa de la mente humana. Para que las neuronas dejen de estar aisladas y comiencen a formar este tejido, necesitan ser estimuladas. El primer año de vida es absolutamente clave al respecto. Esto ha dado origen a la llamada *estimulación temprana*, método pedagógico que supone programas de actividades acordes a cada etapa de desarrollo del niño, que permitan ayudarlo a desplegar al máximo sus potencialidades.

A continuación le presentamos cuatro programas para estimular el desarrollo del bebé durante su primer año de vida.

Cómo estimular el desarrollo motriz

Cuando su hijo llega al mundo, necesita adquirir, entre otras capacidades, la de controlar sus movimientos, así como desarrollar la fuerza necesaria para realizarlos. Los ejercicios que se detallan a continuación apuntan a estos objetivos: a desarrollar la capacidad de mantener el equilibrio y a ser consciente y capaz de ejecutar cambios de posiciones corporales.

Desde el mismo momento del nacimiento:

- No lo deje siempre boca abajo o boca arriba. Acuéstelo en diferentes posiciones a la hora de dejarlo en su camita o cuna.
- Cuando el niño se encuentre acostado de espaldas en la cama, tómelo de sus manitas y haga fuerza, lenta pero firmemente, de manera tal que quede sentado. Luego, también suavemente, vuelva a acostarlo.
- Tómelo en sus brazos y mézalo suavemente.

A partir de aproximadamente el mes y medio:

- Ayúdelo, sosteniéndolo por la nuca, a incorporar su cabecita.
- Cuando el pequeño se encuentre acostado boca arriba, muévale las piernas lentamente hacia arriba y hacia abajo o en sentido circular como si estuviera andando en bicicleta. Un momento óptimo para hacerlo es durante el cambio de pañales.
- Tome las manitas del niño y efectué con ellas diferentes movimientos: hacia arriba y hacia abajo, hacia los costados, etc.

A partir de los 2 meses:

- Estimúlelo a que se ejercite cuando está desnudo ya que la ausencia de ropa le concede una placentera sensación de libertad de movimiento. Antes del baño o durante el cambio de pañales, permítale tomarse los pies, patalear, golpear sus manitas entre sí o contra alguna parte de su cuerpo. Si no lo hace de forma espontánea, estimúlelo a que lo haga.

A partir de los 4 meses:

- Siente al bebé y cántele una canción o coloque una música movediza. Al compás de la melodía, mueva sus piernitas, sus bracitos, etc.
- Cuando el pequeño se encuentre tendido de espaldas, sujétele con una mano las piernitas –de manera tal que queden estiradas– y ponga su otra mano sobre la nuca, por debajo de la cabeza y levántesela suavemente. De esa forma estimulará al niño a que haga fuerza para sentarse.

A partir de los 6 meses:

- Ayúdelo a pararse, contando con el apoyo de algún mueble que le sirva para tal propósito.
- Ponga al bebé boca abajo en un lugar seguro y despejado de objetos, de manera que le permita arrastrarse o gatear.

A partir de los 8 meses:

- Tome al niño de las axilas y ayúdelo a dar pequeños pasos.
- Siente al pequeño en una cama grande, colóquese también usted sentada frente a él, tómele los pies y levántelos suave pero firmemente, de manera que su hijo vaya perdiendo lentamente el equilibrio hasta caer hacia atrás. El esfuerzo que instintivamente hará el niño para evitar caer será un excelente ejercicio para él.

A partir de los 9 meses:

- Estimule todos los intentos de su hijo para incorporarse y caminar.
- Déjelo gatear libremente de un lado a otro, siempre bajo su cuidado y supervisión.

A partir de los 11 meses:

- Ayúdelo a explorar diferentes posibilidades motrices: esconderse detrás de un mueble, arrastrarse debajo de la cama, etc.

Cómo estimular el desarrollo de la coordinación fina

Con la expresión *coordinación fina* nos referimos a una serie de actividades, también motrices como las anteriores, pero de una complejidad mayor, como tomar algo entre las manos, o que combinan diferentes sentidos o canales sensoriales, como coordinar que ve con lo que escucha.

Desde el mismo momento del nacimiento:

- Póngale un dedo en su manita para que lo apriete. En caso de que no lo haga, estimúlelo a hacerlo.

A partir del primer mes:

- Estimúlelo a tocar objetos: la mamadera, un juguete, un vaso plástico, una cuchara, etc.
- Tome un objeto grande y colorido (por ejemplo, una pelota roja o anaranjada) y muévalo lentamente de manera que el pequeño pueda seguirlo con su vista.
- Póngale el chupete en la mano e ínstelo a que él mismo se lo lleve a la boca.

A partir del cuarto mes:

- Proporciónele objetos para que pueda tomarlos, tirarlos y volverlos a agarrar. Es importante que sean coloridos y atractivos (para que le llamen la atención) e irrompibles, de modo que no constituyan un peligro. Pueden ser juguetes u objetos de otro tipo, recipientes plásticos, botellas vacías del mismo material, etc.
- Suminístrele juguetes que emitan sonidos al ser apretados. Con ellos, además de estimular su coordinación fina, estará haciendo otro tanto con su sentido auditivo.

A partir del sexto mes:

- Cuando coma en su plato, estimúlelo para que tome con sus manitas los trozos de comida y se los lleve a la boca. Luego, ofrézcale una cucharita y enséñele a utilizarla.
- Quítele algún juguete con el que él esté jugando, déjelo a su alcance y estimúlelo a que lo vuelva a tomar.
- Realice gestos pronunciados e ínstelo a imitarla.
- A partir de este momento, su hijo ya está en condiciones de seguir con su vista objetos que se mueven a una velocidad más bien rápida. Estimule el desarrollo de esta capacidad, por ejemplo, dejando caer frente a él una pelota de colores llamativos.

A partir del octavo mes:

- Proporciónele objetos que pueda apilar: cubos, libros, apoyavasos, etc.
- Asimismo, dele un monedero o cartera y enséñele a abrirlo y cerrarlo.

- En el momento de la comida, estimúlelo a ser cada vez más autosuficiente: tomar el vaso, usar la cuchara, etc.

A partir del décimo mes:

- Cuando lo deje en el corralito, alcáncele varios juguetes u objetos para que el pequeño juegue con ellos. Algunos, ofrézcaselos envueltos en papel para que el niño, además, se pueda entretener desenvolviéndolos.
- Continúe estimulándolo en el momento de la comida: tape el plato que contiene los alimentos de manera que él deba destaparlo para alimentarse, ofrézcale la cuchara envuelta en una servilleta para que la desenvuelva y coloque en sus manitas el vaso plástico con una pequeña cantidad de líquido para que pueda llevárselo a la boca.

A partir del undécimo mes:

- Enséñele a jugar con el agua. Ofrézcale diferentes botellas y recipientes (siempre de material plástico) y enséñele a pasar el agua de uno a otro.
- Ofrézcale un libro de tapas y hojas duras, y enséñele a pasar las hojas.
- Tómelo firmemente en brazos y enséñele a jugar con el interruptor, de manera tal que pueda apagar y prender la luz.

Cómo estimular el desarrollo del lenguaje

El lenguaje es, sin duda, el más completo y complejo sistema de comunicación que posee el ser humano. Contrariamente a la capacidad motriz o de coordinación fina (que sólo debe "pulirse" a través de la debida estimulación) en el caso de la lengua, es necesario, comenzar de cero: al nacer, el niño no conoce ninguna palabra ni mucho menos el modo de enlazarlas en una frase, y la incorporación de la denominada lengua materna es un fenomenal proceso que se da paso a paso. Por supuesto, la debida estimulación en esta área es primordial.

Desde el mismo momento del nacimiento:

- Háblele todo lo que pueda y pídale a otras personas que hagan lo mismo. Nunca es demasiado temprano para comenzar con la estimulación del lenguaje y aunque el bebé no podrá comprender el significado de las palabras, sí podrá captar tonos, intenciones, expresiones y comenzar a entender que a través de la palabra se puede entablar comunicación con otros seres humanos.
- Mírelo a los ojos (para acentuar el contacto) y emita sílabas repetidas, por ejemplo: "ta, ta, ta", "pe, pe, pe", etc.
- Esté atenta a los sonidos que emite el bebé: "grr", "shhh", etcétera. Cuando lo haga, mírelo a los ojos, sonríale y repita el mismo sonido.

A partir del tercer mes:

- Juegue a cantar con el niño. Para ello, emita sonidos simples (similares a las sílabas repetidas con que lo estimula desde el nacimiento) pero ahora con melodía. Si el pequeño los repite, sonríale e imítelo.
- Explíquele las actividades en las que se ve involucrado. Por ejemplo, cuando vaya a bañarlo dígale: "Ahora te bañamos para que estés más cómodo".
- Señale y nombre a las otras personas que comparten la casa con el niño o la visitan. Por ejemplo: "Este es papá", "Ahí llega el abuelo", etc.

A partir del cuarto mes:

- Muéstrele objetos y nómbrelos. Por ejemplo, tome un vaso en su mano, enséñeselo y dígale: "vaso". Comience por palabras cortas (de una a dos sílabas). Cuando los meses pasen, podrá ir agregando palabras de tres y hasta cuatro sílabas.
- Cántele lentamente alguna canción con letra (no es necesario que sea una canción infantil) y mientras lo haga, mantenga contacto visual y remarque cada una de las sílabas.
- Organice "visitas guiadas" para estimular su lenguaje. Por ejemplo, llévelo con usted al supermercado, colóquelo en el carrito y nómbrele cada uno de los productos que adquiere:

muéstrele el cartón de leche y diga: "leche, etc.", puede implementar actividades similares dentro de su casa nombrando los muebles, o en la plaza con los juegos.

A partir del séptimo mes:

- Léale lentamente. Podrá hacerlo con un libro de cuentos ilustrado, pero también con una revista o un volante que ha recibido en la calle. El niño no comprenderá lo que usted le dice, pero captará algunos sentidos, tonos, expresiones y esto estimulará el desarrollo del lenguaje.
- Cuéntele una pequeña y simple historia donde intervengan dos personajes y encuentre una voz diferente para cada uno de ellos, una muy aguda y otra muy grave, por ejemplo.
- Comience a hablarle con estructura de pregunta-respuesta. Por ejemplo: "¿Dónde está la televisión"? Señale el aparato y responda mirando a su hijo: "Ahí está la televisión".
- Comience a nombrarle las propias partes de su cuerpo. Por ejemplo, tóquele la nariz y dígale: "nariz".

A partir de los 10 meses:

- Solicítele al pequeño que le dé algo que tenga en sus manos o cerca de él. Al hacerlo, tenga en cuenta que es fundamental nombrar al pequeño al principio de la frase. Por ejemplo: "Carla, dame el vaso" o "Francisco, alcanzame la pelota". En caso de que el niño no responda, muéstrele usted cómo hacerlo. Al final, déle las gracias.

A partir de los 11 meses:

- Aproximadamente en esta etapa, su hijo comenzará a utilizar palabras en lugar de sílabas. Ayúdelo a incorporar nuevos términos, de manera tal que su vocabulario sea cada vez más amplio. Una forma de hacerlo es nombrárselo cuando él señale o toque algo.
- Por supuesto, esas primeras palabras emitidas por el pequeño serán un tanto confusas. Tómese todo el tiempo y ponga en juego toda su paciencia para corregirlo.

Los bebés y el efecto Mozart

Hacia fines del siglo pasado, revistas científicas de todo el mundo comenzaron a publicar los resultados de ciertos estudios que se venían realizando en universidades y otros centros académicos, que demostraban el efecto de la música sobre los seres humanos y, especialmente, entre los bebés y los niños pequeños.

Así se supo que:

- *El hecho de escuchar música modifica la estructura del cerebro en desarrollo del bebé en gestación y que, por lo tanto, cuando las embarazadas escuchan música tranquila y relajada, ésta lo afecta positivamente.*
- *Los bebés reconocen y prefieren la música que oyeron en el vientre de sus madres.*
- *El coeficiente intelectual aumenta en los niños que reciben instrucción musical de manera regular.*
- *La música tiene el poder de estimular el desarrollo del lenguaje, aliviar el estrés, favorecer la interacción social y mejorar las habilidades motoras de los niños pequeños.*

Pero, además, estos estudios observaron que la música de Wolfgang Amadeus Mozart, por ser ingeniosa y simple a la vez, posee propiedades únicas, lo que dio origen al denominado Efecto Mozart. *La razón de esto reside en que los ritmos, las melodías y, muy especialmente, las frecuencias de los patrones únicos en sus composiciones, estimulan y potencian las áreas creativas y motivadoras del cerebro. La música de Mozart, además, tiene una suerte de "efecto dual" que beneficia enormemente a los bebés, ya que los relaja y los mantiene atentos, siendo esta combinación la que constituye el mejor estado para el aprendizaje.*

Cómo estimular el desarrollo de la sociabilidad

La estimulación de esta área suele ser, para muchas madres, la más difícil de llevar a cabo. La razón es que mientras las tres anteriores pueden hacerlas por la misma mamá, el desarrollo de la sociabilidad del pequeño implica necesariamente el contacto con otras personas y esto genera muchas veces un fuerte temor. Sin embargo, será necesario que lo supere, ya que de poco le servirá a su hijo tener una buena motricidad, un correcto desarrollo de la coordinación fina y un lenguaje rico y adecuado si se encuentra imposibilitado de relacionarse con otras personas fuera de su madre y de su núcleo más cercano e íntimo. Por ello:

Desde los primeros meses de vida:

- Permita que personas de confianza sostengan a su hijo en los brazos.
- Si toma mamadera, anime a que otras personas se la den: padre, hermanos, abuelos, tíos, etc.
- Llévelo a lugares públicos (plazas, comercios) donde el pequeño pueda percibir la presencia de personas ajenas a su núcleo más íntimo.
- Vaya con él a casa de parientes o amigos.

A partir de los 4 meses:

- Favorezca el contacto del pequeño con otros niños de edad similar cuando lo lleve, por ejemplo, a una plaza.
- Otra buena idea al respecto es organizar una fiesta o reunión con madres y bebés de una edad similar a la de su hijo.

A modo de cierre

Cuando su hijo apague la primera velita, la misión del presente libro habrá finalizado. Esperamos haberle sido útil, ayudándola en los nueve meses de la dulce espera y en el primer año de vida de su bebé. Somos conscientes de que un solo compendio no alcanza para abarcar todas las cuestiones a las que una mujer se enfrenta con la maternidad. Pero, más allá de ello, tenemos la esperanza de haber sido una suerte de consejero al que pudo recurrir para, por ejemplo, elegir un determinado estilo de parto; planificar y llevar a cabo una alimentación adecuada para usted y para su bebé en formación; ofrecerle ideas para estimular a su pequeño y, muy especialmente, para servir de guía de consulta en momentos en los que las dudas la acuciaban.

Su hijo seguirá creciendo y con ello, desarrollando habilidades que le permitirán enfrentar día a día tareas más complejas. Entonces, otros libros la esperarán en el anaquel de las librerías para servirle de guía y a modo de complemento de aquello que ningún volumen puede sustituir: su amor y sus cuidados de madre.